Deutsch - Echo 1
Lernen durch Wiederholung
— Grundstufe —

ドイツ語エコー 1
〈初級編〉

Hideaki Takahashi

ASAHI Verlag

音声再生アプリ 「**リスニング・トレーナー**」

朝日出版社開発の無料アプリ、「リスニング・トレーナー（リストレ）」を使えば、教科書の音声をスマホ、タブレットに簡単にダウンロードできます。

まずは 「リストレ」 アプリをダウンロード

» **App Store**はこちら　　　» **Google Play**はこちら

▼ アプリ【**リスニング・トレーナー**】の使い方

① アプリを開き、「**コンテンツを追加**」をタップ

② QR コードをカメラで読み込む

③ QR コードが読み取れない場合は、画面上部に　**25477**　を入力し
　「**Done**」をタップします

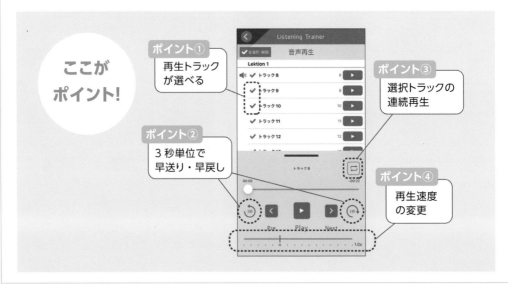

ここがポイント!

ポイント① 再生トラックが選べる

ポイント② 3 秒単位で早送り・早戻し

ポイント③ 選択トラックの連続再生

ポイント④ 再生速度の変更

QRコードは㈱デンソーウェーブの登録商標です

https://text.asahipress.com/free/german/deutschecho1/

はじめに

　これからドイツ語を学ぼうとしている皆さんは、新しい一歩を踏み出すことへの期待とともにこの教科書を手にしておられることでしょう。ドイツ語で蓄積されてきた文化はとても奥が深く、ドイツ語はヨーロッパで最も母語話者数が多い言語でもあります。ドイツ語を学ぶことになった理由や目標はさまざまでしょうが、この教科書を最大限活用してドイツ語の世界に浸ってほしいと思います。いまや英語が世界の共通語と言われ、日本でも国を挙げて英語教育に邁進している感があります。しかし、みんなが英語以外の外国語を学ばなくなれば、他の外国語でしか得られない情報が入ってこなくなり、ものの見方が偏ってしまう恐れがあります。ドイツ語を学ぶことになった皆さんには、新しい世界への窓を自分の心の中に作ってほしいと思います。

　外国語は未知の世界へと導いてくれる魅力に満ちていて、好奇心を刺激してくれます。とはいえ、ドイツ語の初歩的な力を一通り身につけるには、相応の努力と忍耐が必要です。教室から一歩外に出るとドイツ語を使う機会はなく、努力と忍耐の成果を確認するのが授業だけという状況では、時には学習意欲が減退することもあるでしょう。しかし現代では、インターネットを活用することで簡単にドイツ語に触れられますし、SNSを使ってドイツ語圏の人たちと交流することも簡単にできます。この教科書を最後までやり遂げれば、そうしたことに取り組める基礎力を身につけることができます。もちろんそれでドイツ語学習が終わるのではなく、そこから中上級へ向けての学習がさらに続きます。本書での学習が終了したら、続けて『ドイツ語エコー2〈中級編〉』でドイツ語を学ぶことをおすすめします。

　皆さんは乳幼児のように自然に言語を獲得できる年齢は過ぎていますし、日常生活でドイツ語にたくさん触れられる環境にもありません。そうであれば、計画的に文法事項や単語を覚えて、トレーニングを繰り返す他ありません。この教科書には置き換え練習や文法練習、対話練習などのトレーニングを計画的に配置しています。コミュニケーション力を身につけるためにも、そうしたトレーニングは欠かせません。一回やったら終わりにするのではなく、できるようになってからも繰り返し練習して、基礎力を身につけてください。「できることを繰り返す」が外国語学習の鉄則です。

　本書は、「聞く」、「話す」、「読む」、「書く」を総合的に学べるように構成されています。今回の改訂では、さらにコミュニケーション志向に対応するために、練習問題を拡充しました。改訂にあたっては、朝日出版社の山田敏之氏から貴重な助言をいただきました。また、編集では同社の日暮みぎわ氏から全面的に助けていただきましたので、両氏に感謝の意を表したいと思います。

高橋秀彰

この教科書でドイツ語を学ぶ皆さんへ

　ドイツ語を学ぶに至った理由は人それぞれでしょうが、学ぶことになった以上は最低限の基礎力を身につけて達成感を味わってほしいと思います。そのために、この教科書を使ってドイツ語を学ぶ皆さんに実践してもらいたい勉強の方法をお伝えしておきます。

❋ 必要な道具
- ✓ ノート（不可欠）
- ✓ 独和辞典（不可欠）
- ✓ 参考書（望ましい）

❋ 教科書に、練習問題の解答や単語の意味を書き込まない
　この教科書は、練習問題を繰り返すことを前提に書かれています。解答や単語の意味などは練習問題の部分に書き込まず、全てノートに書いてください。答えや単語の意味を書き込んでしまうと、復習の時に目に入るので、練習にならないからです。解答や単語の意味を見ないで練習問題が楽にこなせるようになれば、その箇所の基礎力がついたと判断してください。

❋ 「置き換え練習」を日課にする
　各課にある「置き換え練習」は用意された音声（解答付き）をつかって何度も繰り返してください。テキストを見ないでできるようにしましょう。毎日何度も繰り返すことで、基本的な形が身につきます。機械的に繰り返すのではなく、必ず意味を考えながら練習しましょう。できるようになったら終わりではなく、できることを繰り返すのが大切です。日々の基礎トレーニングだと思ってがんばってください。

❋ できるだけ毎日、少しでもいいから勉強する
　新学期の開始直後には、がんばってドイツ語を学ぼうという意欲があっても、時間がたつにつれ、サークル活動やアルバイトなどで忙しくなり、思うように勉強が進まないこともあるでしょう。そんな時には、15分程度でもかまいませんので、練習問題をやるなり単語を覚えるなりがんばってください。全く何もしないのと比べると、15分の学習でも天と地ほどの差があります。試験の直前だけ勉強するという悪い習慣が身につかないように注意しましょう。

❋ 難しくなってきても、ひるまないで勉強を続ける
　先に進むにつれて、覚えるべき単語や文法事項が増えていきます。日ごろの学習の積み重ねがないと、ついて行くのが難しくなるでしょう。しかし、積み重ねが不十分だからといって、あきらめないでください。目の前にある課題を根気よくこなしてください。

❋ 「わかりたい」という気持ちを大切に
　何らかの事情でドイツ語学習から離れても、あきらめないで復活してください。予習・復習を怠ると、授業で学ぶ内容がわからなくなってしまいます。しかし、「わかりたい」という気持ちがある限り、必ず取り戻せるので諦めないでください。

● 目次 ●

Deutsch - Echo 1　　　　　　　　　　　Lernen durch Wiederholung

ドイツ語圏略地図 （ □ はドイツ語使用地域）

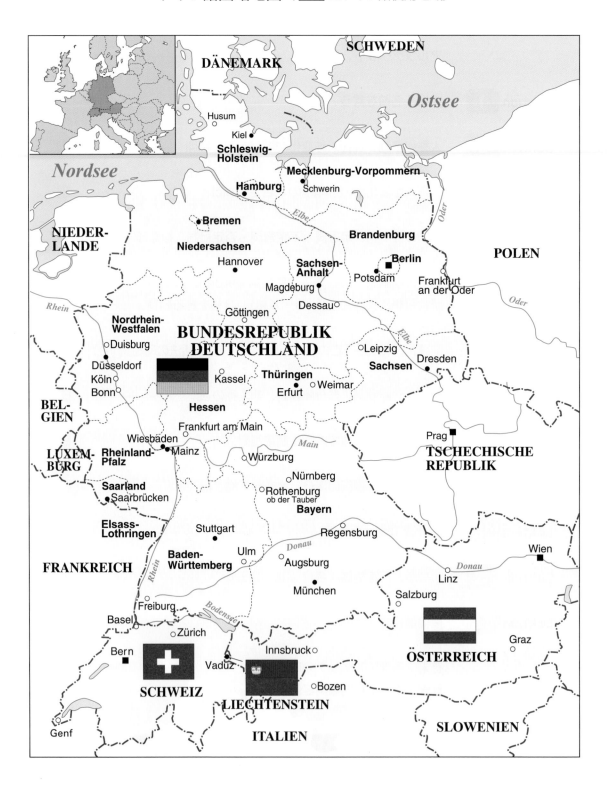

アルファベット、発音

✱ アルファベット

アルファベットには、ドイツ語の発音のエッセンスがつまっていますので、しっかり練習しましょう。

a	b	c	d	e	f	g	h	i
j	k	l	m	n	o	p	q	r
s	t	u	v	w	x	y	z	
ä	ö	ü	ß					

📖 母音 🎧 1-03

[a:] 日本語のアとほとんど同じ発音です。

Papst ローマ法王　　　　Name 名前　　　　haben 持っている

[a] alt 古い　　　　Ball ボール　　　　kalt 寒い

[e:] アルファベット26文字の内、8文字の母音は[e:]です。日本語のエを少しイに近づけた響きになります。なお、同じ母音字が2つ続くと長母音になります。

b　c　d　e　g　p　t　w

Tee 茶　　See 海　　Thema テーマ　　Keks クッキー

[ɛ] 短母音では日本語のエに近くなります。

Bett ベット　　　　es それ　　　　essen 食べる

[i:] □を両方に引きながら発音しましょう。

Team チーム　　　　Bibel 聖書　　　　Titel タイトル

[ɪ] 短母音では□を引かないで発音しましょう。

Hilfe 助け　　　　Insel 島　　　　Film 映画

[o:] 唇を丸めて突き出しながら発音しましょう。

Mond 月　　　　Monat 暦の月　　　　Hof 中庭、宮殿

[ɔ] Onkel おじ　　　　oft しばしば　　　　kommen 来る

[u:] 唇を丸めて突き出しながら発音しましょう。

Uhr 時計　　　　tun する　　　　suchen 探す

[ʊ] Luft 空気　　　　Bus バス

ウムラウト（変音）ä, ö, ü

a, o, uの上にある2つの点 ¨ をウムラウトと言います。発音が変わるので注意しましょう。

ä [ɛ:] Bär 熊 　　　　　　　Käse チーズ 　　　　　　　Dänemark デンマーク

　　[ɛ] Bäcker パン屋 　　　　Kälte 寒さ 　　　　　　　Händel ヘンデル（人名）

ö, oe [ø:] 唇はoを発音する時の形で、eを発音します。

　　　　　schön 美しい 　　　　Flöte フルート 　　　　　　Goethe ゲーテ（人名）

　　[œ] Köln ケルン（地名）　　können できる（助動詞）　　Löffel スプーン

ü, y [y:] 唇はuを発音する時の形で、iを発音します。

　　　　　Übung 練習 　　　　　Typ タイプ 　　　　　　　kühl 涼しい

　　[ʏ] müssen しなければならない（助動詞）　Glück 幸運 　　küssen キスをする

二重母音 [aɪ]

eiは[aɪ]と発音します。

Einstein アインシュタイン（人名）　　Ei 卵 　　　　　　　　　Bein 脚

二重母音 [ɔʏ]

eu、äuは[ɔʏ]と発音します。

Europa ヨーロッパ 　　　　　Feuer 火 　　　　　　　　heute 今日

長母音 [i:]

ieは[i:]と発音します。

Liebe 愛 　　　　　　　　　Fieber （病気の）発熱 　　　　Biene 蜂

  子音

1-04

f [f] 上の歯を下唇に当てて空気を吐き出します。

　　　　Vater 父 　　　　　　　　finden 見つける 　　　　　Foto 写真

w [v] 上の歯を下唇に当てて空気を吐き出します。英語のvと同じ発音です。

　　　　Wien ウィーン 　　　　　Welt 世界 　　　　　　　　Wagen 自動車

ch 　　a, o, u, auの後では[x]になります。手を温める時に息を「ハーッ」と吐く時の音です。

　　　　Nacht 夜 　　　　　　　Koch コック 　　　　　　　Buch 本

　　　　その他はすべて[ç]

　　　　ich 私は 　　　　　　　Technik 技術 　　　　　　　China 中国

-ig [ɪç] Leipzig ライプツィヒ（地名）　　wenig 少し 　　　　　　Honig 蜂蜜

| pf | [pf] | [p]で両唇を閉じた次の瞬間に [f]を発音します。ちょっと難しそうですが、イメージとしては、はじくような [f]です。 |

Pflanze　植物　　　　　　Pfeife　笛　　　　　　　　Apfel　リンゴ

母音の前の s [z]

Seminar　ゼミナール　　　Saft　ジュース　　　　　　Sohn　息子

| ß | [s] | ßという文字の名前はエスツェット [estsɛt]といいます。発音は [s]になります。 |

Fuß　足　　　　　　　　heiß　暑い　　　　　　　Meißen　マイセン（地名）

| sp / st | 語頭では [ʃp] / [ʃt] |

Speise　料理　　　　　　Spaß　楽しみ、冗談

Student　学生　　　　　　Stadt　都市

語末の b, d, gは [p, t, k]

語末は無声音になります。

halb　半分の　　　　　　Geld　お金　　　　　　　Tag　日

| z | [ts] | 英語の [z]にならないように気をつけましょう。 |

Zeit　時　　　　　　　　Zoo　動物園　　　　　　Zug　列車

| sch [ʃ] | Schule　学校　　　　　　Schnee　雪　　　　　　Fisch　魚 |

| tsch [tʃ] | Deutsch　ドイツ語　　　Tschechien　チェコ（国名）　　tschüs / tschüss　バイバイ |

 rの発音について 1-05

　標準発音では喉の摩擦音 [ʁ]になります。うがいをするような感じで発音しますが、慣れないうちは、かすれた空気の音しか出てこないかもしれません。

　ドイツ南部やスイス、オーストリアでは、舌先をふるえさせる発音 [r]も使われます。歌曲を歌う時には舌先をふるえさせる発音が一般的です。

　喉の摩擦音 [ʁ]、舌先のふるえ音 [r]のどちらでも構わないので、練習しましょう。

（地名）Bremen, Dresden, Frankfurt
（人名）Richard Strauss, Rainer Maria Rilke

 辞書で意味を調べ、発音練習しましょう。 1-06

| CDU | FDP | SPD | EU | ICE |
| ZDF | ARD | VW | USA | DB |

1　キーセンテンス
1-07

① **Guten Morgen, Frau Meyer! Wie geht es Ihnen?**

おはようございます、マイヤーさん（女性）。お元気ですか。

② **Hallo, Sophie! Wie geht es dir?**

やあ、ゾフィー。元気？

③ **Wie heißen Sie? — Ich heiße Sophie Meyer.**

お名前は何ですか。－　私はゾフィー・マイヤーです。

④ **Wie heißt du? — Ich heiße Sophie.**

名前なんて言うの？－　私はゾフィーよ。

2　Grammatik

 あいさつ

Guten Morgen!	おはようございます。
Guten Tag!	こんにちは。
Guten Abend!	こんばんは。
Gute Nacht!	おやすみなさい。
Hallo!	やあ。（くだけたあいさつ）
Auf Wiedersehen!	さようなら。
Tschüs! / Tschüss!	じゃあね。（くだけた別れのあいさつ）

注意　「おやすみなさい」を表す Gute Nacht! だけ Gute（Guten ではない！）になるので注意してください。

 敬称 Herr と Frau

Herr は英語の *Mr.*、Frau は英語の *Ms.* に相当します。

例　Herr Meyer　　　　　　マイヤーさん（男性）

　　Frau Meyer　　　　　　マイヤーさん（女性）

　　Herr und Frau Meyer　マイヤー夫妻

置き換え練習

音声を聞きながら、下線部を置き換えましょう。

Guten Morgen, Herr Mayer!

　Guten Tag / Guten Abend / Gute Nacht / Auf Wiedersehen

 3 名前を呼びかけて親しみを込める

ドイツ語では、あいさつに相手の名前を付けることで親しみを込めたニュアンスが生まれます。

例　Hallo, Sophie! ― Hallo, Thomas!

　　Guten Tag, Herr Braun! ― Guten Tag, Frau Meyer!

 4 Sieとdu

2人称代名詞は2種類あります。

Sie: 距離がある相手、初対面の相手に使う。呼びかけにはHerr / Frau+名字。

du: 　親しい間柄で使う。学生同士もduを使うのが一般的。呼びかけにはファーストネーム。

コ ラ ム **フォーマルとインフォーマル**

　Guten Morgen!（おはようございます）とGute Nacht!（おやすみなさい）は、相手との距離に関係なく使うことができます。

　Guten Tag!（こんにちは）とGuten Abend!（こんばんは）は、少しフォーマルな表現になりますので、親しい友達に対してはあまり使いません。その場合は、インフォーマルにHallo!と言うことができます。Hallo!は時間帯に関わりなく使うことができます。

　日本語でも、「おはよう（ございます）」と「おやすみ（なさい）」は、相手との距離に関係なく使いますね。親しい友達に対して「こんにちは」や「こんばんは」とは、あまり言いません。これと同じように理解しましょう。

　Auf Wiedersehen!は少しフォーマルな表現で、Tschüs!はインフォーマルな表現です。買い物に行って、お店の人と初対面でも、お店を出る際にTschüsということはよくあります。

置き換え練習

音声を聞きながら、下線部を置き換えましょう。

（1）Hallo, Sophie!　（duの間柄での呼びかけ）

　　Sabine / Thomas / Andrea / Johannes / Andreas / Julia

（2）Guten Tag, Frau Mayer!　（Sieの間柄での呼びかけ）

　　Herr Braun / Frau Hoffmann / Herr Weber / Frau Fischer / Herr Müller / Frau Koch

5　疑問詞の wie

wie は疑問詞で「どのように」という意味です。㊍ *how*

疑問詞で始まる疑問文の語順は「疑問詞＋動詞＋主語 …？」です。動詞が2番目に来ることを確認しましょう。

Wie heißen Sie? / Wie heißt du?

Wie geht es Ihnen? / Wie geht es dir? / Wie geht's?

1-10

置き換え練習

音声を聞きながら、下線部を置き換えましょう。

(1) Wie heißen Sie?　—　Ich heiße <u>Johannes Koch</u>.（Sie の間柄で名前を言う）

　　Julia Braun / Angela Merkel / Helmut Kohl / Thomas Fischer

(2) Wie heißt du?　—　Ich heiße <u>Johannes</u>.（du の間柄で名前を言う）

　　Lina / Max / Julia / Theo / Andreas

1-11
3　スケッチ

1. Guten Tag! Ich heiße Sophie Meyer. Wie heißen Sie?
   　—　Ich heiße Johannes Koch.

2. Guten Morgen, Frau Meyer!
   　—　Guten Morgen, Herr Koch!

3. Wie geht es Ihnen, Frau Meyer?
   　—　Danke, sehr gut. Und Ihnen?
   Danke, es geht.

4. Hallo! Ich heiße Sophie. Wie heißt du?
   　—　Ich heiße Johannes.

5. Guten Morgen, Sophie!
   　—　Guten Morgen, Johannes!

6. Wie geht's, Sophie?
   　—　Danke, sehr gut. Und dir?
   Danke, es geht.

4 練 習 問 題

1 文法練習A

カッコ内に適切な語を入れましょう。

(1) Guten Morgen, (　　　　　　　) Mayer!（男性への敬称）

(2) Guten Tag, (　　　　　　) Braun!（女性への敬称）

(3) Wie heißen Sie? — Ich (　　　　　　) Sophie Meyer.

(4) Wie (　　　　　) du? — Ich heiße Thomas.

2 文法練習B

カッコ内に適切な表現を入れましょう。

(1) (　　　　　　　　　　　　　　　　　　　), Frau Meyer? — Danke, sehr gut.

(2) (　　　　　　　　　　　　　　　　　　　), Sophie? — Danke, es geht.

3 聞き取り練習

音声を聞いて、指示に従ってそれぞれ名前を書きましょう。

(1) 女性の名前（敬称あり）：

　　 男性の名前（敬称あり）：

(2) 女性の名前：

(3) 2番目の男性の名前：

4 発話練習

周りの5人にドイツ語で挨拶をして、名前を尋ねましょう。答える人は、自分の名前を言った後に、ドイツ語でスペルを言いましょう。

例　Hallo! Wie heißt du?
　　 − Ich heiße Yui.　y – u – i.

5 対話練習 A --

周りの 5 人と、ドイツ語で挨拶を交わしましょう。挨拶の最後に相手の名前をつけましょう。

例 Guten Morgen, Karen!
　　－ Guten Morgen, Hayato!

6 対話練習 B --

周りの 5 人に、ドイツ語で元気か尋ねてみましましょう。

例 Hallo, Karen! Wie geht's?
　　－ Danke, sehr gut. Und dir?
　　Danke, auch sehr gut.

1-13

ことわざ

Aller Anfang ist schwer.　なにごとも初めは難しい。

aller すべての、r Anfang はじめ、ist（英語のbe動詞に相当）、schwer 難しい

教科書に出てくる都市

München

Köln

Berlin

Wien

Freiburg

Düsseldorf

Leipzig

Nürnberg

Lektion 2　人称代名詞、現在人称変化（規則動詞）、語順

1　キーセンテンス

① Woher kommen Sie?　　　どちらの出身ですか。

② Ich komme aus Berlin.　　私はベルリン出身です。

③ Wo wohnst du?　　　　どこに住んでるの？

④ Ich wohne in Düsseldorf.　私はデュッセルドルフに住んでいます。

⑤ Ich spiele gern Fußball.　私はサッカーをするのが好きです。

語順のヒント

出身地

Ich komme aus Berlin.　　　私はベルリン出身です。

㉇ *I come from Berlin.*　　　← 英語の語順にそのまま対応しています。aus = ㉇ *from*

居住地

Ich wohne in Düsseldorf.　私はデュッセルドルフに住んでいます。

㉇ *I live in Düsseldorf.*　　← 英語の語順にそのまま対応しています。

2　Grammatik

1　人称代名詞

	単数	複数
1人称	ich	wir
2人称	du	ihr
3人称	er / sie / es	sie
敬称2人称	Sie	

2人称の親称 du / ihr と敬称 Sie

親しい間柄では du / ihr、それ以外では Sie を使います。（使い分けは5ページ参照）

2 **規則動詞の現在人称変化**

ドイツ語では、数・人称・時制の変化を受けた動詞を「定動詞」、動詞の原形を「不定詞」といいます。

lernen （学ぶ）

	単数	複数
1人称	ich **lern**e	wir **lern**en
2人称	du **lern**st	ihr **lern**t
3人称	er / sie / es **lern**t	sie **lern**en
敬称2人称	Sie **lern**en	

ドイツ語の動詞は全てenかnで終わります。この部分を**語尾**といい、上の表で示したように変化します。語尾以外の部分を**語幹**といいます。

例 lernenの場合では、lernが語幹、enが語尾になります。

置き換え練習

1-15

音声を聞きながら、下線部を置き換えましょう。[ ]内の動詞は適切な形に変えましょう。

(1) <u>Ich</u> [komme] aus Leipzig.（du, ihr, Sieの現在人称変化）

du （君） / ihr （君たち） / Sie （あなた） / du （君） / ihr （君たち） / Sie （あなた）

(2) <u>Ich</u> [gehe] nach Hause.（du, ihr, Sieの現在人称変化）

du （君） / ihr （君たち） / Sie （あなた） / du （君） / ihr （君たち） / Sie （あなた）

(3) <u>Ich</u> [spiele] gern Tennis.（du, ihr, Sieの現在人称変化）

du （君） / ihr （君たち） / Sie （あなた） / du （君） / ihr （君たち） / Sie （あなた）

3 **語順**

1 平叙文：定動詞が2番目に来ます。これを「定動詞第2位の原則」といいます。
動詞の位置に注意しましょう。

Ich **lerne** Deutsch.　　　　私はドイツ語を学んでいます。
Jetzt **lerne** ich Deutsch.　　今、私はドイツ語を学んでいます。

2 ja / neinで答えられる疑問文：定動詞と主語を入れ替えます。

Lernst du Deutsch?　　　　君はドイツ語を学んでいるのですか。
Lernst du jetzt Deutsch?　君は今ドイツ語を学んでいるのですか。

置き換え練習

音声を聞きながら、下線部の副詞から始まる形に変えましょう。

(1) Ich lerne Deutsch. ― <u>Jetzt</u> lerne ich Deutsch.（jetzt 今）（倒置の練習）
　　Du lernst Deutsch. / Sie lernen Deutsch. / Ihr lernt Deutsch.

(2) Ich spiele Tennis. ― <u>Morgen</u> spiele ich Tennis.（morgen 明日）（倒置の練習）
　　Du spielst Tennis. / Sie spielen Tennis. / Ihr spielt Tennis.

Jaで答えましょう。

(3) Wohnst du in Berlin? ― Ja, ich wohne in Berlin.（疑問文への返答）
　　Wohnst du in Leipzig? / Wohnst du in Düsseldorf? / Wohnst du in Wien? /
　　Wohnst du in Bremen?

Neinで答えましょう。

(4) Lernst du Deutsch? ― Nein, ich lerne <u>Japanisch</u>.（疑問文への返答）
　　Englisch / Koreanisch / Chinesisch / Spanisch / Russisch

コ ラ ム

　英語でも（主にイギリス）所有の意味で使う*have*は、ドイツ語のように主語と入れ替えて疑問文を作ることがあります。
Have you a dictinary? (= *Do you have a dictinary?*)

---

3 疑問詞から始まる疑問文：疑問詞＋定動詞＋主語　…？

Wo wohnen Sie?　　　どこにお住まいですか。
Wie heißt du?　　　　君の名前は？
Wie geht es Ihnen?　　お元気ですか。

疑問詞の種類

wann (*when*), warum (*why*), was (*what*), wer (*who*), wie (*how*)
wo (*where*), woher (*where* … *from*)（どこから）, wohin (*where* … *to*)（どこへ）

置き換え練習

🎧 1-17

音声を聞きながら、下線部を置き換えましょう。[ ]内の動詞は適切な形に変えましょう。

(1) Woher kommen Sie? — Ich komme aus <u>Rom</u>. （疑問詞で始まる疑問文への返答）

Wien / Berlin / Zürich / München / Stuttgart / Köln

(2) Wie [heißt] <u>er</u>? （疑問詞で始まる疑問文への返答）

sie（彼女）/ sie（彼ら）/ Sie（あなた）/ sie（彼女）/ sie（彼ら）/ Sie（あなた）

(3) <u>Wo wohnt er</u>? — <u>Er</u> [wohnt] in Berlin. （疑問詞で始まる疑問文への返答）

Wo wohnt sie? / Wo wohnen Sie? / Wo wohnt ihr? / Wo wohntst du?

3 **スケッチ**

🎧 1-18

1. Lernst du Französisch?
   — Nein, ich lerne Deutsch. Was lernst du?
   Ich lerne Japanisch.

2. Woher kommen Sie?
   — Ich komme aus Japan.

3. Wo wohnst du? Wohnst du in Düsseldorf?
   — Ja, ich wohne in Düsseldorf.

4. Spielst du gern Fußball?
   — Nein, ich spiele gern Tennis.

コラム **デュッセルドルフ**

　ノルトライン・ヴェストファーレンの州都デュッセルドルフは、作家のハインリヒ・ハイネが生まれた街、作曲家のロベルト・シューマンが晩年を過ごした街としても知られています。ヨーロッパにおける日本企業の一大拠点で、ドイツで最も多くの日本人が住んでいます。日本人学校や日本クラブ、日本の食材を売る店、居酒屋、ラーメン店、日本人美容師がいるヘアサロンなどもあり、日本に近い生活ができます。2002年から毎年ライン川沿いで開催されている「日本デー」（Japantag）には、人口約60万人のデュッセルドルフに70万人以上もの人が集って、日本の文化に触れています。地図で場所を確認してみましょう。

1 文法練習 A

適切な動詞を選び、正しい形にして入れましょう。[gehen, kommen, lernen, spielen, wohnen]

(1) Thomas (　　　　　) in München.

(2) Woher (　　　　　) Sie?

(3) Wo (　　　　　) Herr und Frau Schumann? In Berlin?

(4) (　　　　　) du Deutsch?

(5) Ich (　　　　　) nach Hause. （ gehen nach Hause　家に帰る　英 go home ）

(6) (　　　　　) ihr gern Tennis?

2 文法練習 B

カッコ内の語を使って、次の疑問文に答えましょう。

(1) Lernst du Italienisch?

　　— Nein, (　　　　　　　　　　　　　　　　　　) (Französisch)

(2) Was macht ihr jetzt?

　　— Jetzt (　　　　　　　　　　　　　　　　　　) (nach Hause gehen)

(3) Woher kommst du?

　　— (　　　　　　　　　　　　　　) (Leipzig)

(4) Wo wohnt ihr?

　　— (　　　　　　　　　　　　　　) (Nürnberg)

(5) Was spielen Sie gern?

　　— (　　　　　　　　　　　　　　) (Badminton)

(6) Wohnst du in Wien?

　　— Nein, (　　　　　　　　　　　　　) (Halle)

3 聞き取り練習

1-19

音声を聞いて、次の問いの解答をドイツ語で書きましょう。

(1) Wo wohnt Thomas?

(2) Was lernt er?

(3) Was macht er gern?

4 発話練習

日本語で言語名や国名を言って、相手にドイツ語に訳してもらいましょう。特にアクセントに気をつけながら発音しましょう。

【言語】 Arabisch アラビア語
Englisch 英語
Indonesisch インドネシア語
Koreanisch 韓国語

Chinesisch 中国語
Französisch フランス語
Italienisch イタリア語
Russisch ロシア語

Deutsch ドイツ語
Hindi ヒンディー語
Japanisch 日本語
Spanisch スペイン語

【国】 Belgien ベルギー
England イギリス
Luxemburg ルクセンブルク
Südkorea 韓国

China 中国
Frankreich フランス
Österreich オーストリア

Deutschland ドイツ
Italien イタリア
Russland ロシア

5 対話練習 A

下線部をいろいろな言語に置き換えながら、周りの３人と対話練習しましょう。

Lernst du Französisch?

－ Nein, ich lerne Deutsch. Was lernst du?

Ich lerne Japanisch.

6 対話練習 B

下線部をいろいろな国名に置き換えながら、周りの３人と対話練習しましょう。

Woher kommst du? Kommst du aus Frankreich?

－ Nein, ich komme aus Belgien.

1-20

ことわざ

Ohne Fleiß kein Preis. 努力なくして成功なし。

ohne（前置詞）〜なしで、r Fleiß 勤勉、kein 否定冠詞（英 no）、r Preis 賞
直訳は「勤勉なしでは賞はない」

Lektion 3　現在人称変化（不規則動詞）、否定のnicht

1　キーセンテンス

① Sprichst du Deutsch?　　　　ドイツ語話すの？
② Isst du gern Fisch?　　　　　魚食べるの好き？
③ Wohin fährst du morgen?　　明日どこに行くの？
④ Hast du heute Zeit?　　　　　今日時間ある？
⑤ Ich bin jetzt nicht in Berlin.　私は今ベルリンにはいません。

2　Grammatik

　不規則動詞の現在人称変化

2人称単数（du）と3人称単数で、幹母音が変わる動詞のことを不規則動詞と言います。幹母音 e が i(e) に変わる形と幹母音 a が ä に変わる形があります。

1 e → i(e)型　幹母音 e が i(e) に変わる

sprechen (話す)

	単数	複数
1人称	ich　　spreche	wir　sprechen
2人称	du　　sprichst	ihr　sprecht
3人称	er / sie / es　spricht	sie　sprechen
敬称2人称	Sie sprechen	

essen (食べる) (isst – isst)、geben (与える) (gibst — gibt)、helfen (助ける) (hilfst — hilft)、lesen (読む) (liest — liest)、sehen (見る) (siehst — sieht)、vergessen (忘れる) (vergisst — vergisst) など

◆ 語幹が s で終わる動詞（essen, lesen, vergessen など）は、2人称単数（du）と3人称単数が同形になります。
　　du isst　　er / sie isst
　　語幹の末尾には既に s があるので、2人称単数（du）を作る時に st ではなく t だけを語尾に付けるからです。（Du issst にはなりません。）
◆ 大切な特殊例
　　nehmen (取る)：du nimmst, er / sie / es nimmt

置き換え練習

1-22

音声を聞きながら、下線部を置き換えましょう。[ ]内の動詞は適切な形に変えましょう。

(1) Ich [spreche] Deutsch.（不規則動詞 e→i）

Sie（彼女）/ Ihr（君たち）/ Sie（彼ら）/ Er（彼）/ Du（君）/ Wir（私たち）/ Sie（あなた）/ Michael

(2) [Essen] Sie viel?（不規則動詞 e→i）

sie（彼女）/ ihr（君たち）/ sie（彼ら）/ er（彼）/ du（君）/ Sie（あなた）/ Andreas

2 a → ä型　幹母音aがäに変わる

fahren（乗り物で行く）

	単数	複数
1人称	ich **fahre**	wir **fahren**
2人称	du **fährst**	ihr **fahrt**
3人称	er / sie / es **fährt**	sie **fahren**
敬称2人称	Sie **fahren**	

laufen（走る）、schlafen（眠る）など

置き換え練習

1-23

音声を聞きながら、下線部を置き換えましょう。[ ]内の動詞は適切な形に変えましょう。

(1) Wohin [fährst] du morgen?（不規則動詞 a→ä）

sie（彼女）/ ich（私）/ ihr（君たち）/ sie（彼ら）/ er（彼）/ wir（私たち）/ Sie（あなた）/ Andreas

(2) Ich [fahre] nach* Wien.（不規則動詞 a→ä）

Sie（彼女）/ Ihr（君たち）/ Sie（彼ら）/ Er（彼）/ Du（君）/ Wir（私たち）/ Sie（あなた）/
Lisa und Alexander

*前置詞 **nach**
～（国・地域）へ　　nach Deutschland（ドイツへ）、nach Kyoto（京都へ）

📖2 haben （持っている）

	単数	複数
1人称	ich **habe**	wir **haben**
2人称	du hast	ihr **habt**
3人称	er / sie / es hat	sie **haben**
敬称2人称	Sie **haben**	

Ich **habe** Durst.　私は喉が渇いている。（Durst ＝英 thirst）

1-24

置き換え練習

音声を聞きながら、下線部を置き換えましょう。[　]内の動詞は適切な形に変えましょう。

(1) [Haben] Sie Hunger?（habenの変化）

sie（彼女）/ ihr（君たち）/ sie（彼ら）/ er（彼）/ du（君）/ wir（私たち）/ Sie（あなた）/ Julia

(2) Hast du Fieber?（体調不良を表す表現）

Husten / Schnupfen / Grippe / Halsschmerzen / Magenschmerzen / Zahnschmerzen

◆ Schmerzen（痛み）はSchmerzの複数形です。「痛み」を表す時には、一般的に複数形を使いますので、このまま覚えましょう。
Halsschmerzen（喉の痛み）, Magenschmerzen（腹痛）, Zahnschmerzen（歯痛）など

📖3 sein （ある、いる）

	単数	複数
1人称	ich bin	wir sind
2人称	du bist	ihr seid
3人称	er / sie / es ist	sie sind
敬称2人称	Sie sind	

◆ seinは英語のbe動詞に相当します。

Ich **bin** Japaner.　私は日本人です。

4 否定のnicht

文を否定する時にはnichtを使います。否定する語句の前に置くのが原則です。
ただし、文全体を否定する時には文末に置きます。
次の2つの文を比較しましょう。

{ Ich liebe **nicht** Thomas.　　私が好きなのはトーマスじゃない。(「トーマス」を否定)
{ Ich liebe Thomas **nicht**.　　私はトーマスが好きじゃない。(文全体を否定)

{ Sophia kommt **nicht** heute.　ゾフィアは今日は来ません。(「今日」を否定)
{ Sophia kommt heute **nicht**.　ゾフィアは今日来ません。(文全体を否定)

置き換え練習

🎧 1-25

音声を聞きながら、下線部を置き換えましょう。[　]内の動詞は適切な形に変えましょう。

(1) Ich [bin] glücklich.（seinの変化）

Sie（彼女）/ Ihr（君たち）/ Er（彼）/ Sie（彼ら）/ Du（君）/ Wir（私たち）/ Sie（あなた）/ Julia

(2) [Sind] Sie nicht glücklich?（seinの変化）

sie（彼女）/ ihr（君たち）/ sie（彼ら）/ er（彼）/ du（君）/ Sie（あなた）/ Julia

(3) Wo [bist] du jetzt?（seinの変化）

sie（彼女）/ ihr（君たち）/ sie（彼ら）/ er（彼）/ du（君）/ Sie（あなた）/ wir（私たち）/ Julia

3 スケッチ

🎧 1-26

1. Sprichst du Deutsch?
   — Ja, ich spreche ein bisschen Deutsch.

2. Kennst du Sophia?
   — Ja, sie spricht sehr gut Englisch.
   　　Sie spricht auch Japanisch.

3. Wohin fährst du morgen? Nach Wien?
   — Nein, morgen fahre ich nicht nach Wien.

4. Hast du heute Zeit?
   — Nein, aber morgen habe ich Zeit.

5. Wo bist du jetzt? In Berlin?
   — Nein, ich bin jetzt nicht in Berlin.

1 文法練習 A

適切な動詞を選び、正しい形にして入れましょう。[fahren, essen, haben, lesen, sprechen]

(1) Klaudia (　　　　　　　　) morgen nach Köln.　(2) Heute (　　　　　　　) ich Fieber.

(3) Ihr (　　　　　　　) gern Fisch.　　　　　　(4) (　　　　　　　) Sie Französisch?

(5) (　　　　　　　) du gern?

2 文法練習 B

カッコ内の語を使って、次の疑問文に答えてみましょう。

(1) Sprechen Sie Deutsch?

　— (　　　　　　　　　　　　　　　　　　). (ein bisschen)

(2) Bist du erkältet? (　　　　　　　　　　　　　　　)? (Halsschmerzen)

　— Nein, aber (　　　　　　　　　　　　　　). (Husten)

(3) Wohin fahrt ihr morgen? Nach Freiburg?

　— Nein, (　　　　　　) nicht nach (　　　　　　).

　　(　　　　　　　　　　　　　　　　　). (Konstanz)

(4) (　　　　　　　　　　　　　　　)? (主語 ihr, glücklich)

　— Ja, wir sind glücklich.

(5) (　　　　　　　　　　　　　　　)? (主語 ihr, Japanisch)

　— Ja, wir sprechen Japanisch.

(6) (　　　　　　　　　　　　　　　)? (主語 du, lesen, gern)

　— Nein, (　　　　　　　　　　　) gern.

3 聞き取り練習

音声を聞いて、次の問いの解答をドイツ語で書きましょう。

(1) Woher kommt Karin?　　　----------------------------------

(2) Spricht sie sehr gut Deutsch?　----------------------------------

4 発話練習

日本語で地名を言って、周りの人にドイツ語に訳してもらいましょう。カタカナ読みにならないように気をつけましょう。

Berlin ベルリン   Bern ベルン   Bremen ブレーメン   Hamburg ハンブルク
Köln ケルン   London ロンドン Moskau モスクワ   München ミュンヘン
Paris パリ   Rom ローマ   Stuttgart シュトゥットガルト Salzburg ザルツブルク
Wien ウィーン   Zürich チューリヒ

5 対話練習A

下線部をいろいろな言語に置き換えて、周りの3人と対話練習しましょう。

Sprichst du Französisch? ― Nein, ich spreche Deutsch.

Spricht er Chinesisch? ― Nein, er spricht Japanisch.

6 対話練習B

(1) 下線部をいろいろな地名に置き換えて、周りの3人と対話練習しましょう。

   Wohin fährst du morgen? ― Morgen fahre ich nach Wien.

   Wohin fährt sie heute? ― Heute fährt sie nach Salzburg.

(2) 自分の情報を自由に創作しながら記入しましょう。

名前	出身地	住んでいる都市	話せる言語（複数）
例　Julia	Köln	Leipzig	Englisch, Spanisch, Japanisch

周りの人3名に名前、出身地、住んでいる都市、話せる言語などをドイツ語で尋ねましょう。

例　Kennst du Julia? ― Ja. Ich kenne Julia.

　　Woher kommt sie? ― Sie kommt aus Köln.

　　Wo wohnt sie? ― Sie wohnt in Leipzig.

　　Spricht sie Chinesisch? ― Nein. Aber sie spricht sehr gut Englisch, Spanisch und Japanisch.

ことわざ

1-28

Zeit ist Geld.　時は金なり。

e Zeit 時・時間、 s Geld お金

1 キーセンテンス

1-29

① Das ist eine Bibliothek. それは図書館です。
② Haben Sie einen Stadtplan? 市街地図をお持ちですか。
③ Ich suche den Bahnhof. 私は駅を探しています。
④ Isst du nicht gern Fleisch? 肉を食べるのが好きじゃないの？
⑤ Ich habe keinen Hunger. 私はお腹がすいていません。

2 Grammatik

 名詞の性

ドイツ語の名詞には文法上の性があって、「男性・女性・中性」のいずれかに割り当てられます。
人を表す名詞はほとんどが生物性に対応していて、Vater（父）は男性、Mutter（母）は女性になります。
その他の名詞は文法により決まっているので、イメージからは想像できません。
例 Wagen［男性］自動車、Uhr［女性］時計、Fahrrad［中性］自転車

 定冠詞（英語の _the_ に相当）

性によって使い分けます。 **der**［男性］、**die**［女性］、**das**［中性］
例 der Vater（父）、die Mutter（母）、das Kind（子供）

◆ 名詞の性の記号 r、e、s
本書では男性はr、女性はe、中性はsで表します。これはそれぞれ定冠詞（男性der、女性die、中性das）の語末の文字に対応します。

置き換え練習

1-30

音声を聞きながら、定冠詞を付けて言いましょう。（定冠詞1格）
(1) s Café（カフェ）/ e Buchhandlung（書店）/ r Bahnhof（駅）/ s Kaufhaus（デパート）/
e Mensa（学食）/ s Restaurant（レストラン）/ r Stadtplan（街の地図）

下線部を言い換えましょう。[　]内の定冠詞は適切な形に変えましょう。
(2) Ist das [die] Bibliothek?（定冠詞1格）
Café / Buchhandlung / Bahnhof / Kaufhaus / Mensa / Restaurant / Stadtplan

3 名詞（代名詞）の格

名詞や代名詞が文中で割り当てられる役割を格といいます。英語には主格、所有格、目的格の３つがありますが、ドイツ語には４つの格があります。

英語の目的格がドイツ語では２つに分かれるので、４つになります。

格は冠詞類の変化によって表されます。

　　1格（主　格）：〜は

　　2格（所有格）：〜の

　　3格（目的格）：〜に

　　4格（目的格）：〜を

名詞を代名詞で受ける時は、その名詞の性に合わせます。

例　Ist der Wagen alt?　　— Ja, er ist sehr alt.

　　　その自動車は古いですか。　　— はい、それはとても古いです。

Wagenは男性名詞なので、男性の代名詞erで受けています。

 4 定冠詞、不定冠詞、否定冠詞

		男性	女性	中性	複数
定冠詞	1格	der	die	das	die
	2格	des	der	des	der
	3格	dem	der	dem	den
	4格	den	die	das	die
不定冠詞	1格	ein	eine	ein	
	2格	eines	einer	eines	
	3格	einem	einer	einem	
	4格	einen	eine	ein	
否定冠詞	1格	kein	keine	kein	keine
	2格	keines	keiner	keines	keiner
	3格	keinem	keiner	keinem	keinen
	4格	keinen	keine	kein	keine

この課では1格と4格の練習をします。

置き換え練習

1-31

音声を聞きながら、下線部を置き換えましょう。[ ]内の定冠詞は適切な形に変えましょう。

(1) Ich suche [den] Bahnhof.（定冠詞4格）

　　Café / Buchhandlung / Kaufhaus / Mensa / Restaurant / Stadtplan

(2) Ist das Brot gut? — Ja. / Nein. Es ist ＿＿＿＿＿.（Ja/Neinでの返答）

　　sehr gut / nicht so gut / schlecht / hart / trocken

5 **否定冠詞 kein**

名詞を否定する時には kein を使います。一般に無冠詞、不定冠詞を否定する時は kein を使うと覚えておくといいでしょう。

例 Ich esse **kein** Fleisch. 　私は肉を食べません。

1-32

置き換え練習

音声を聞きながら、下線部を置き換えましょう。[ ]内の否定冠詞は適切な形に変えましょう。

(1) Das ist [keine] Bibliothek. (否定冠詞1格)

Café / Buchhandlung / Bushaltestelle / Kaufhaus / Mensa / Restaurant

(2) Ich habe [kein] Auto. (否定冠詞4格)

Fahrrad / Smartphone / Geld / Hunger / Appetit / Fieber / Portmonee / Computer

---

 6 **名詞の複数形**

ドイツ語の複数形は5つのパターンに分けられます。
複数形の定冠詞（1格）は性に関わりなく全て die です。

1 無語尾式 (幹母音に a, o, u があれば、ウムラウトが付くことがあります。)

der Bruder — die Brüder（兄・弟）
der Lehrer — die Lehrer（教師）

2 -e式 (幹母音に a, o, u があれば、ウムラウトが付くことがあります。)

der Tag — die Tage（日）
der Freund — die Freunde（友だち）

3 -er式 (幹母音 a, o, u にはウムラウトが付きます。)

das Buch — die Bücher（本）
das Wort — die Wörter（語）

4 -(e)n式

die Tomate — die Tomaten（トマト）
die Familie — die Familien（家族）

5 -s式（英語、フランス語からの外来語に多い形です。）

das Auto — die Autos（自動車）
das Hotel — die Hotels（ホテル）

7 否定疑問文

「～ではないですか」

疑問文中に nicht、kein 等の否定を表す語が入っている疑問文

例 Wohnst du **nicht** in Tokyo?　東京に住んでいないの？

◆ **肯定で答える doch**

否定疑問文に肯定で答える時には、ja ではなく doch を使います。

Trinkst du **kein** Bier?　—　**Doch**, ich trinke Bier.

君はビール飲まないの？　—　いや、ビール飲むよ。

置き換え練習　🎧 1-33

音声を聞きながら、次の否定疑問文に肯定の doch で答えましょう。

Bist du kein Student? / Ist das keine Bibliothek? / Ist das kein Restaurant? /
Trinkst du nicht gern Kaffee? / Hast du keinen Appetit?

---

3 スケッチ　🎧 1-34

1. Ist das eine Bibliothek?
   —　Nein, das ist keine Bibliothek.
   Das ist ein Rathaus.

2. Ich suche den Bahnhof. Ist er dort links?
   —　Nein, er ist dort rechts.

3. Isst du nicht gern Fleisch?
   —　Doch, ich esse gern Fleisch.
   Aber ich esse nicht gern Fisch.

4. Hast du Hunger?
   —　Nein, ich habe keinen Hunger.

① 文法練習A

例にならって答えましょう。

例 Ist das eine Bibliothek? (s Rathaus) — Nein, das ist keine Bibliothek. Das ist ein Rathaus.

(1) Ist das ein Supermarkt? (s Kaufhaus)

(2) Ist das eine Schule? (r Bahnhof)

(3) Ist das ein Fernseher? (r Computer)

(4) Ist das ein Computer? (s Smartphone)

(5) Ist das ein Wörterbuch? (s Lexikon)

② 文法練習B

例にならって次の疑問文に答えてみましょう。

例 Isst du gern Fleisch ? — Nein, ( ) (☹ Fleisch ☺ Fisch)

⇒ Nein, (ich esse kein Fleisch. Aber ich esse gern Fisch).

(1) Trinkst du gern Kaffee?

— Nein, ( ). (☹ Kaffee ☺ Tee)

(2) Trinkst du gern Bier?

— Nein, ( ). (☹ Bier ☺ Wein)

(3) Isst du gern Brot?

— Nein, ( ). (☹ Brot ☺ Reis)

(4) Isst du gern Kuchen?

— Nein, ( ). (☹ Kuchen ☺ Schokolade)

(5) Hast du ein Fahrrad?

— Nein, ( ). (☹ Fahrrad ☺ Motorrad)

(6) Hast du ein Auto?

— Nein, ( ). (☹ Auto ☺ Fahrrad)

③ 聞き取り練習

🎧
1-35

音声を聞いて、次の問いの解答をドイツ語で書きましょう。

(1) Isst die Frau gern Wurst?

----

(2) Isst der Mann nicht gern Wurst?

----

4 発話練習

周りの人に単数形を言って、複数形に変えてもらいましょう。

例 „Buch" — „Bücher"

Bruder / Freund / Wort / Tomate / Familie / Hotel / Lehrer / Tag / Autoなど

5 対話練習A

周りの人と、下線部を置き換えて対話しましょう。[　]内の否定冠詞は適切な形に変えましょう。

Ist das <u>eine Bibliothek</u>? — Nein, das ist [keine] Bibliothek. Das ist <u>ein Rathaus</u>.

s Café / e Buchhandlung / e Bushaltestelle / r Flughafen / s Kaufhaus / e Mensa / s Restaurant / r Supermarkt

6 対話練習B

周りの人と、下線部を置き換えて対話しましょう。食べ物にはessen、飲み物にはtrinkenを使いましょう。[　]内の動詞は適切な形に変えましょう。

[Isst] du gern <u>Fleisch</u>? – Nein, ich [esse] nicht gern <u>Fleisch</u>. Aber ich [esse] gern <u>Fisch</u>.

e Cola / s Bier / e Milch / s Mineralwasser / r Tee / r Tomatensaft / r Wein / e Wurst / s Eis / s Fleisch / r Fisch / s Gemüse / r Käse / r Kuchen

Andere Länder, andere Sitten.

郷に入ったら郷に従え。

1-36

andere　他の・別の、　Länder　s Land「国」の複数形、　Sitten　e Sitte「慣習」の複数形
直訳は「別々の国、別の慣習」

話法の助動詞(1)、未来の助動詞werden、数字、所有冠詞、人称代名詞(3・4格)、3格をとる動詞

1-37

1 キーセンテンス

① Kannst du Deutsch sprechen?　　ドイツ語話せるの？

② Hast du Geschwister?　　　　　　兄弟いる？

③ Ich habe einen Bruder und zwei Schwestern.
私は弟（兄）が一人と姉（妹）が二人います。

④ Meine Töchter studieren in Köln.
私の娘たちはケルンの大学で学んでいます。

⑤ Meine Handynummer ist 040 1768 3925.
私の携帯電話の番号は040 1768 3925です。

2 Grammatik

 話法の助動詞können、wollen、未来の助動詞werden

	können 〜できる	**wollen** 〜したい、〜するつもり	**werden** 〜するだろう（未来・推量）
ich	kann	will	werde
du	kannst	willst	wirst
er / sie / es	kann	will	wird
wir	können	wollen	werden
ihr	könnt	wollt	werdet
sie / Sie	können	wollen	werden

1 動詞の原形が文末に来ます。

　Ich kann Deutsch **sprechen**.　　　私はドイツ語が話せます。

　Sie wird morgen nach Wien **fahren**.　彼女は明日ウィーンに行くでしょう。

　◆ 未来のことでも、現在形を使うことがよくあります。

　　Sie **fährt** morgen nach Wien.　　彼女は明日ウィーンに行きます。

2 疑問文は、助動詞を文頭に移動し、「助動詞＋主語…動詞？」の語順にして作ります。

　Kannst du Deutsch **sprechen**?　　ドイツ語を話せますか。

3 動詞を使わない表現もあります。

　Sie kann sehr gut Englisch.　　　彼女は英語がとてもよくできます。

置き換え練習

1-38

音声を聞きながら、下線部を置き換えましょう。[ ]内の助動詞は適切な形に変えましょう。

(1) Ich [kann] Englisch sprechen.（助動詞 können）

Ihr（君たち）/ Er（彼）/ Wir（私たち）/ Sie（彼ら）/ Klara

(2) [Kannst] du Deutsch sprechen?（助動詞 können）

Sie（あなた）/ sie（彼女）/ er（彼）/ ihr（君たち）/ sie（彼ら）/ Frau Jones

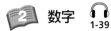 数字 1-39

青の部分の発音には気をつけましょう。

0	null	10	zehn	20	zwanzig
1	eins	11	elf	21	einundzwanzig
2	zwei	12	zwölf	22	zweiundzwanzig
3	drei	13	dreizehn	30	dreißig
4	vier	14	vierzehn	40	vierzig
5	fünf	15	fünfzehn	50	fünfzig
6	sechs	16	sechzehn	60	sechzig
7	sieben	17	siebzehn	70	siebzig
8	acht	18	achtzehn	80	achtzig
9	neun	19	neunzehn	90	neunzig

100	(ein)hundert	2 000	zweitausend
101	hunderteins	2 468	zweitausendvierhundertachtundsechzig
200	zweihundert	10 000	zehntausend
300	dreihundert	100 000	(ein)hunderttausend
1 000	(ein)tausend	1 000 000	eine Million

置き換え練習

1-40

音声を聞きながら、下線部を置き換えましょう。

2 + 3 (zwei plus drei ist fünf.)（数字の練習）

4 + 7 / 6 + 8 / 1 + 5 / 31 + 18 / 12 + 20

3 所有冠詞

ich	**mein**	wir	**unser**
du	**dein**	ihr	**euer**
er / sie / es	**sein / ihr / sein**	sie	**ihr**
Sie	**Ihr**		

◆ 語尾変化は不定冠詞に準じます。

女性名詞（1格・4格）と複数形（1格・4格）を修飾する時には語尾に -e を付けます。

例 女性名詞　　　　　meine Mutter　　（私の母）

複数形　　　　　ihre Kinder　　（彼女の子供たち）

Meine Mutter kennt deine Mutter.　　私の母は君のお母さんを知っています。
　　1格　　　　　　　4格

男性名詞（4格）を修飾する時には語尾に -en を付けます。

例 Ich kenne deinen Vater.　　　　私は君のお父さんを知っています。

1-41

置き換え練習

音声を聞きながら、下線部を置き換えましょう。

(1) Meine Kinder essen gern Baumkuchen.（所有冠詞複数1格）
　　　　unser / dein / euer / sein / ihr
(2) Kennt sie deinen Vater?（所有冠詞4格）
　　　　unser / dein / euer / sein / ihr
(3) Kennt er deine Mutter?（所有冠詞4格）
　　　　unser / dein / euer / sein / ihr
(4) Ich habe ein Kind.　（複数4格）
　　　　Bruder（1人）/ Schwester（1人）/ Kind（2人）/ Bruder（3人）/
　　　　Schwester（2人）/ Tochter（4人）

 4 人称代名詞3格・4格

	単数					複数			敬称
	1人称	2人称	3人称			1人称	2人称	3人称	2人称
1格	ich	du	er	sie	es	wir	ihr	sie	Sie
3格	mir	dir	ihm	ihr	ihm	uns	euch	ihnen	Ihnen
4格	mich	dich	ihn	sie	es	uns	euch	sie	Sie

Ich gebe dir das Buch.　私は君にその本をあげます。（英 *I give you the book.*）
　　　　3格　　4格

◆ 4格が代名詞の場合の語順

　　主語＋動詞＋4格＋3格　になります。

　例　Ich gebe es dir.　　　　　私はそれを君にあげます。

　　　　　　　4格 3格

5　3格をとる動詞

danken（感謝する）, geben（与える）, gefallen（気に入る）, gehören（〜に属す、〜のものである）,
gratulieren（お祝いを言う）, helfen（助ける、手伝う）, zeigen（見せる）など

　例　Ich **helfe** dir.　　　　君を手伝うよ。
　　　Die Tasche **gehört** ihm.　そのバッグは彼のものです。

置き換え練習

1-42

音声を聞きながら、下線部を置き換えましょう。

(1) Das Haus gehört mir.（3格目的語）

　　　ihm / ihr / dir / uns / ihnen / euch / Frau Schmidt

(2) Kannst du mir helfen?（3格目的語）

　　　ihm / ihr / uns / ihnen / Klara

3　スケッチ

1-43

1. Hast du Geschwister?
　— Ja, ich habe einen Bruder und zwei Schwestern.
　　Mein Bruder ist Schüler. Meine Schwestern
　　sind Studentinnen.

2. Hat Claudia Kinder?
　— Ja, sie hat einen Sohn und drei Töchter.

3.
Johannes: **Klara, kannst du mir deine
　　　　　　Handynummer geben?**
　　Klara: **Sie ist 040 1768 3925.**
Johannes: **Danke, Klara!**

1　文法練習A

(1)はカッコ内の語を適切な形にしましょう。(2)～(6)はカッコ内の日本語に合うドイツ語の単語を適切な形で入れましょう。

(1) Das Geschenk (　　　　　　　) ihr gut. (gefallen) (s Geschenk　贈り物)

(2) Gehört dir die Tasche? — Nein, (　　　　　　) gehört Thomas. (それは)

(3) Ich danke (　　　　　)! (君たち)

(4) Die Romane (　　　　　) mir gut. (気に入る)

(5) Gibt Klara Paul ihre Handynummer? — Nein, sie gibt (　　　　　) Thomas. (それを)

(6) Heute ist dein Geburtstag. Ich gratuliere (　　　　　)! (君)

2　文法練習B

例にならって、次の文に答えましょう。

例　Gehört dir das Wörterbuch? (ja) — Ja, es gehört mir.

(1) Gehört ihr der Reisepass? (nein)

(2) Gefällt Ihnen das iPhone? (ja)

(3) Hilft er ihr? (nein)

(4) Schenkst du ihm das Fahrrad? (ja)

(5) Können Sie mir die Wohnung zeigen? (ja)

(6) Wie ist deine Handynummer? (010 2958 4763)

3　聞き取り練習

1-44

音声を聞いて、次の問いの解答を書きましょう。

(1) Was kauft der Mann?

(2) Wer hat heute Geburtstag?

4　発話練習

周りの人と練習しましょう。出題者は日本語で電話番号を言い、回答者はそれをドイツ語に訳しましょう。

(1) 0221 691498　　　　(2) 06221 21535　　　　(3) 06133 27680
(4) 09122 59243　　　　(5) 0731 29214938

5 対話練習A

周りの人に、兄弟がいるかドイツ語で聞いてみましょう。

例 Hast du Geschwister?

－ Ja, ich habe eine Schwester / zwei Schwestern / einen Bruder / zwei Brüder.

6 対話練習B

周りの人と練習しましょう。SophieとLeon、Lina、Theoのことについて、話せる言語、好きな食べ物、好きな飲み物について尋ねましょう。Ichの欄には、自分の情報を書き込んで、自分のことも相手に話しましょう。

	Sophie	Leon	Lina	Theo	Ich
言　語	Japanisch Spanisch Englisch	Arabisch Italienisch Englisch	Türkisch Englisch	Chinesisch Französisch Englisch	
食べ物	Reis Fisch Käse	Brot Spagetti Schnitzel	Maultasche Schweinebraten Kartoffelsalat	Knödel Sauerbraten Tomatensuppe	
飲み物	Reiswein Tee Mineralwasser	Weißwein Kaffee Bananensaft	Rotwein Kaffee Orangensaft	Bier Sprudel Apfelsaft	

例 Was spricht Sophie? － Sie spricht Japanisch, Spanisch und Englisch.

Isst Sophie gern Brot? － Nein, sie isst gern Reis.

Trinkt Sophie gern Reiswein? － Ja, sie trinkt gern auch Tee und Mineralwasser.

ことわざ

1-45

Übung macht den Meister. 名人も練習次第。

e Übung 練習、macht 作る、r Meister 名人

直訳は「練習が名人を作る」

Lektion 6 — 前置詞、dieser「この」・welcher「どの」、話法の助動詞（2）

1-46

1 キーセンテンス

① Wir sind jetzt in der Bibliothek.
　　　　　　　　　　　　私たちは今図書館にいます。

② Wir gehen jetzt in die Bibliothek.
　　　　　　　　　　　　私たちは今図書館に行きます。

③ Was möchtest du essen? 君は何を食べたいの？

④ Ins Restaurant können wir zu Fuß gehen.
　　　　　　　　　　　　レストランには歩いて行けます。

⑤ Wir warten hier auf dich. 私たちはここで君を待っている。

2 Grammatik

 前置詞

前置詞によって何格をとるかが決まります。

1 3格だけをとる前置詞

> aus（～から）、bei（～のもとで）、mit（～と一緒に）、nach（～の後に）、von（～から、～の）、
> zu（～へ）など

Ich komme **zu** dir.　　　　私は君の所に行きます。
Katharina wohnt **mit** ihr.　　カタリーナは彼女と一緒に住んでいます。

1-47

置き換え練習

音声を聞きながら、下線部を置き換えましょう。

(1) Ich komme gleich zu euch.（3格だけをとる前置詞）

dir / ihm / ihr / ihnen（彼ら）/ Johannes / Ihnen / Herrn Schmidt

(2) Sprechen Sie mit ihr immer auf Deutsch?（3格だけをとる前置詞）

ihm / ihr / ihnen（彼ら）/ Johannes / Herrn Schmidt

2 3格と4格をとる前置詞

> an（～のきわで・に）、auf（～の上で・に）、hinter（～の後ろで・に）、in（～の中で・に）、
> neben（～の横で・に）、über（～の上で・に）、unter（～の下で・に）、vor（～の前で・に）、
> zwischen（～の間で・に）

◆ 移動の有無で3格と4格のどちらをとるか決まります。

移動が**ない**→3格

移動が**ある**→4格

例 Ich bin **in** der Bibliothek.
          3格   私は図書館にいます。

   Ich gehe **in** die Bibliothek.
           4格   私は図書館に入っていきます。

3 前置詞の融合形

前置詞と定冠詞が融合するものがあります。

3格	4格
in dem → **im**	in das → **ins**
an dem → **am**	an das → **ans**
zu dem → **zum**	
zu der → **zur**	
von dem → **vom**	
bei dem → **beim**	

融合形がある場合は、その使用が基本になります。
融合しない形を使うと、特別の意味になることがあります。

例 Ich bin i<u>m</u> Restaurant.
     私はレストランにいます。

   Ich bin in dem Restaurant.
     私は（他ならぬ）そのレストランにいます。

月・曜日の表現

◆ 月名（すべて男性名詞）

Januar	Juli
Februar	August
März	September
April	Oktober
Mai	November
Juni	Dezember

im + 月名 「〜月に」(英) *in* 月名

Im August reise ich
   nach Deutschland.
     8月に私はドイツへ旅行します。

◆ 曜日（すべて男性名詞）

Montag	Freitag
Dienstag	Samstag
Mittwoch	Sonntag
Donnerstag	

am + 曜日 「〜曜日に」(英) *on* 曜日

Am Dienstag habe ich
   einen Deutschunterricht.
     火曜日に私はドイツ語の授業があります。

s Wochenende 週末

am Wochenende 「週末に」

Am Wochenende fahre ich
   nach Wien.
     週末に私はウィーンへ行きます。

置き換え練習

🎧 1-48

音声を聞きながら、下線部を置き換えましょう。

(1) Wir sind jetzt <u>in der Mensa</u>.（移動がないため3格、融合形あり）

im Restaurant / in der Bibliothek / im Hotel / in der Schweiz / in der Stadt / im Bahnhof

(2) Sie steht <u>vor</u> dem Stuhl.（移動がないため3格）

neben / hinter / auf

(3) Ich gehe <u>in die Bibliothek</u>.（移動を伴うため4格、融合形あり）

ins Café / in die Stadt / in den Park / ins Konzert / in den Hörsaal

(4) Wir gehen durch <u>die Stadt</u>.（4格だけをとる前置詞）

den Park / die Tür / die Straße / den Wald

dieser「この」(㊧ *this / these*)、welcher「どの」(㊧ *which*)

例 **Dieser** Kaffee ist gut.　　　　　　　　このコーヒーはおいしいです。
　(㊧ *This coffee is good.*)

　Welches Restaurant ist gut?　　　　　どのレストランがいいですか。
　(㊧ *Which restaurant is good?*)

定冠詞に準じた変化をします。(他に aller, jeder, jener, mancher, solcher, など)
本課では1格と4格の練習だけを行いますが、表には全ての変化形を挙げてあります。

	男性	女性	中性	複数
1格	**dies**er	**diese**	**dieses**	**diese**
2格	dieses	dieser	dieses	dieser
3格	diesem	dieser	diesem	diesen
4格	**dies**en	**diese**	**dieses**	**diese**

1格と4格で形が違うのは男性形だけです。

1-49

置き換え練習

音声を聞きながら、下線部を置き換えましょう。

(1) <u>Dieses Hotel</u> ist schön.（dieserの1格）
　　die Straße / das Café / der Park / die Stadt

(2) Kennst du <u>diesen Mann</u>?（dieserの4格）
　　die Frau / das Café / die Universität / den Lehrer / das Buch

(3) <u>Welches Land</u> kennst du?（welcherの4格）
　　die Lehrerin / das Café / die Universität / den Lehrer / das Buch

 話法の助動詞

	müssen 〜ねばならない	**sollen** 〜すべき	**dürfen** 〜してもよい	**möchte** 〜したい
ich	muss	soll	darf	möchte
du	musst	sollst	darfst	möchtest
er / sie / es	muss	soll	darf	möchte
wir	müssen	sollen	dürfen	möchten
ihr	müsst	sollt	dürft	möchtet
sie / Sie	müssen	sollen	dürfen	möchten

参考 mögen　〜かもしれない

置き換え練習

1-50

音声を聞きながら、下線部を置き換えましょう。[ ]内の助動詞は適切な形に変えましょう。

(1) Ich [muss] zum Arzt gehen.（助動詞 müssen）

    Er / Sie (彼女) / Sie (彼ら) / Johannes und Klara / Ihr

(2) Sie [kann] sehr gut Deutsch sprechen.（助動詞 können）

    Du / Er / Sie (あなた) / Sie (彼女) / Mary / Frau Jones

(3) Darf ich auf Japanisch sprechen?（助動詞 dürfen）

    Deutsch / Englisch / Spanisch / Französisch / Chinesisch

(4) Ich möchte gern japanisch essen.（助動詞 möchte）

    chinesisch / französisch / italienisch / deutsch / koreanisch / türkisch

---

3　スケッチ

1-51

Maximilian: **Wo seid ihr jetzt?**

Johannes: **Wir sind jetzt vor der Bibliothek.**

Maximilian: **Sollen wir essen gehen?**

Johannes: **Ja, gern.**

Maximilian: **Was möchtest du essen?**

Johannes: **Ich möchte gern japanisch essen. Ins Restaurant können wir zu Fuß gehen.**

Maximilian: **Okay, dann komme ich gleich zu euch. In 5 Minuten bin ich da.**

Johannes: **Alles klar! Wir warten hier auf dich.**

4　練習問題

1　文法練習A

カッコ内の助動詞を適切な形にして空欄に入れましょう。

(1) Warum (　　　　　　　　　) Klara gut Englisch sprechen? (können)

(2) Im Hörsaal (　　　　　　　　　) man ruhig sein. (müssen)

(3) Das Buch (　　　　　　　　　) du bis morgen lesen. (müssen)（bis morgen 明日までに）

(4) Ich (　　　　　　　) schnell zu Mittag essen. (wollen)

カッコ内に適切な定冠詞を入れましょう。

(5) Nach (   ) Unterricht treffe ich meinen Freund.

(6) Ich stelle die Tasse auf (   ) Tisch.

(7) Neben (   ) Tisch steht ein Bücherregal.

(8) Heute Nachmittag schreibe ich einen Aufsatz in (   ) Bibliothek.

2 文法練習B

カッコ内の語を使って、次の疑問文に答えましょう。

(1) Welche Sprachen kannst du sprechen?

   — (   ) (Englisch, Deutsch, Türkisch)

(2) Wo möchtest du das Buch lesen?

   — (   ) (Bibliothek)

(3) Warum können Sie nicht mitkommen?

   — (   ) (nach Hause gehen müssen)

(4) Wollen wir in die Stadt fahren?

   — Nein, ich (   )

                 (einen Spaziergang zum See machen wollen)

(5) Wo seid ihr denn jetzt?

   — (   ) (Mensa)

(6) Essen Sie heute Abend in einem Restaurant?

   — (   ) gehen Sie? (in, welch)

🎧 3 聞き取り練習

1-52

音声を聞いて、次の問いの解答を書きましょう。

(1) Wo ist jetzt Julia?

(2) Wie lange muss Maximilian auf sie noch warten?

4 発話練習

周りの人と練習しましょう。出題者は日本語で「～曜日に」「週末に」「～月に」などを言って、回答者はそれをドイツ語に訳しましょう。

例 「水曜日に。」 → „Am Mittwoch." 「週末に。」 → „Am Wochenende."
   「6月に。」   → „Im Juni."

5 対話練習A

下線部をいろいろな場所で置き換えて、周りの人と対話練習をしましょう。

Wo bist du jetzt? － Jetzt bin ich in / im 場所.

【場所】 e Bibliothek / s Café / e Mensa / r Raum 203 など

6 対話練習B

下線部を置き換えて、周りの人と練習しましょう。

(1) Wohin reist du am Wochenende?

例 － Am Wochenende reise ich nach Köln.

Göttingen, Salzburg, Ulm, Düsseldorf, Hamburg など

(2) Wohin fährst du in den Sommerferien?

例 － In den Sommerferien fahre ich an die Ostsee.

an den Bodensee, in die Schweiz, in die Türkei, in die Niederlande, an die Nordsee など

7 スケッチの復習

スケッチを見ないで空欄を補充しながら音読しましょう。

Maximilian: Wo se____ 1) ihr jetzt?

Johannes: Wir sind je_____ 2) vor der Bibli_____ 3).

Maximilian: Sollen w_____ 4) essen gehen?

Johannes: Ja, gern.

Maximilian: Was möchtest d_____ 5) essen?

Johannes: I_____ 6) möchte gern japa_____ 7) essen.
Ins Resta_____ 8) können wir z____ 9) Fuß gehen.

Maximilian: Okay, dann ko_____ 10) ich gleich z____ 11) euch.
In 5 Min_____ 12) bin ich d____ 13).

Johannes: Alles kl_____ 14)! Wir warten hi_____ 15) auf dich.

ことわざ

🎧 1-53

Keine Rose ohne Dornen. 綺麗な薔薇には棘がある。

s Rose 薔薇、Dornen r Dorn「棘」の複数形、ohne 4格 ～なしの
直訳は「棘のない薔薇はない」

1 キーセンテンス

① Wie spät ist es? 　　　　　何時ですか。

② Es ist 9.40 Uhr. 　　　　　9時40分です。

③ Ich stehe um 7 Uhr auf. 私は7時に起床します。

④ Wann fährt der Zug nach Freiburg ab?

　　　　　　　　フライブルク行きの列車はいつ発車しますか。

⑤ Es ist heute heiß. 　　　　今日は暑いです。

2 Grammatik

 時刻の表現

Wie spät ist es? 　　何時ですか。
— Es ist 9.40 Uhr. 　9時40分です。（時間の部分は „neun Uhr vierzig" と読みます。）
非人称のesを使って表現します。

1 フォーマル：24時間制

Es ist 20 Uhr. 　　20時（午後8時）です。

2 インフォーマル：12時間制

Es ist 1 Uhr. 　　1時です。（読み方は „ein Uhr"）
= Es ist eins. 　（Uhrを省略して数字だけで言うこともあります。）

◆ 12時間制で表現する時には次の言い方も使えます。
　a. 「〜分前」vor、「〜分過ぎ」nach
　　前置詞vor（〜前に）、nach（〜後に）を使います。
　　Es ist 3 **vor** 9. 　　　9時3分前です。（← 9の前3）
　　Es ist 3 **nach** 9. 　　9時3分過ぎです。（← 9の後3）
　b. 「15分」Viertel
　　Viertelは「4分の1」という意味です。時間を表す時は、1/4時間ということで15分という意味
　　になります。
　　Es ist **Viertel** vor 9. 　9時15分前です。（← 9の前1/4時間）
　　Es ist **Viertel** nach 9. 9時15分過ぎです。（← 9の後1/4時間）
　c. 「〜時半」halb
　　Es ist **halb** 9. 　　　　8時半です。（9時まで半時間）

2 「～分で」「～時間で」 in ～ (3格)

in einer Minute　1分で　　　　　　in drei Minuten　3分で
in einer Stunde　1時間で　　　　　in drei Stunden　3時間で
in einer Viertelstunde　15分で

例　Der Zug kommt in fünf Minuten.　列車は5分で来ます。

置き換え練習

2-02

音声を聞きながら、下線部を置き換えましょう。

(1) Es ist 2 Uhr.

8.35 Uhr / halb 10 / 3 vor 1 / Viertel nach 4 / 6 vor 7

(2) Der Zug kommt in 5 Minuten.

3 Minuten / einer Viertelstunde / einer Stunde / 2 Stunden

3 分離動詞

前綴りが分離して文末に置かれる動詞を分離動詞といいます。

Ich **stehe** um 7 Uhr **auf**.

例　an|kommen, an|rufen, auf|stehen, fern|sehen, an 3格 teil|nehmen, zurück|kommen

▶ アクセントは必ず前綴りに置きます。

▶ 副文では分離しません。また、辞書には、前綴りを付けた分離する前の形が載っています。

置き換え練習

2-03

音声を聞きながら、下線部を置き換えましょう。[　]内の助動詞は適切な形に変えましょう。

(1) Der Bus fährt um 14.17 Uhr ab. (時間の表現、分離動詞)

um 9.10 Uhr / um halb 1 / um 23.37 Uhr / in drei Minuten

(2) Wir [können] um 12 Uhr in Freiburg ankommen. (人称代名詞、時間の表現)

Ich / Du / Sie (あなた) / Ihr / Er / Sie (彼女)

(3) Kann ich die Tasche mitnehmen? (4格の変化、分離動詞)

die Zeitung / den PC / meine Tochter / den Regenschirm / den Kugelschreiber

4 非分離動詞

be-, emp-, ent-, er-, ge-, ver-, zer- など

これらの前綴りにはアクセントが置かれず、分離もしません。

例　besuchen　訪れる、verstehen　理解する

Ich besuche meine Eltern.　私は両親を訪ねます。

5 非人称のes

天候、時間などを表す時にも非人称のesを使います。英語の*it*に相当します。

Es ist heute heiß.　今日は暑いです。(英 *It is hot today.*)

置き換え練習

🎧 2-04

音声を聞きながら、下線部を置き換えましょう。

(1) Es <u>regnet</u>. (非人称のes、天候など)

　　schneit / donnert / blitzt / zieht

(2) Es ist heute <u>heiß</u>. (非人称のes、気温・天候)

　　kalt / kühl / warm / schwül / windig

🎧 2-05

3 スケッチ

1.　　　　　Klara: **Entschuldigung, wie kann ich nach Freiburg fahren?**

　Bahnmitarbeiter: **Nehmen Sie den IC um 10.47 Uhr!* Sie müssen aber in Frankfurt umsteigen. Dann können Sie um 13.50 Uhr in Freiburg ankommen.**

　　　　　　Klara: **Danke schön! Auf Wiedersehen!**

　Bahnmitarbeiter: **Auf Wiedersehen! Gute Reise!****

2.　　　Maximilian: **Wie spät ist es?**

　　　　　　Klara: **Es ist 10.20 Uhr.**

　　　Maximilian: **Wann kommt der Zug nach Freiburg?**

　　　　　　Klara: **Er kommt in 5 Minuten.**

　　　Maximilian: **Wann fährt er ab?**

　　　　　　Klara: **Er fährt um 10.47 Uhr ab. Dann erreichen wir gegen 14 Uhr Freiburg.**

---

*　**Nehmen Sie den IC um 10.47 Uhr!**

　　Sieに対する命令形 (〜してください、〜しなさい)

　　「動詞定形＋Sie＋…!」 疑問文と同じ語順

　　疑問文か命令文かの区別は文脈・イントネーションで判断されますが、書きことばでは文末に疑問符「?」があるかどうかを見ればわかります。(命令形は11課で詳しく扱います。)

**　**Gute Reise!** 「良い旅行を！」 旅立つ人に言う決まり文句です。GuteはGutが語尾変化した形ですが、ここではそのまま覚えましょう。形容詞の変化については9課で詳しく学びます。

4 練習問題

1 文法練習A

助動詞を使わない平叙文に書き換えましょう。

例 Ich kann Deutsch sprechen. → Ich spreche Deutsch.

(1) Ich muss um 7 Uhr aufstehen.

(2) Ihr könnt um 14 Uhr in Köln ankommen.

(3) Müssen Sie morgen von einer Reise zurückkommen?

(4) Kannst du heute Abend am Deutschkurs teilnehmen?

(5) Er muss jetzt die Arbeit anfangen.

(6) Können Sie die Tür zumachen?

2 文法練習B

カッコ内の語句を参考に、フルセンテンスで答えましょう。

(1) Wann fährt der ICE nach Hamburg ab?

— ( ) (17.36)

(2) Kannst du mich heute Abend anrufen?

— Nein, ich ( ) (morgen)

(3) Muss ich in Wien umsteigen?

— Nein, Sie ( ) (Linz)

(4) Wann müssen Sie an der Vorlesung teilnehmen?

— ( ) (14.40)

(5) Darf ich die Fenster aufmachen? Hier ist es mir zu warm.

— Ja, du ( )

(6) Warum gehst du heute so früh ins Bett? Bist du krank?

— Nein, ich ( )

(morgen, sehr früh, aufstehen)

3 聞き取り練習

2-06

音声を聞いて、次の問いの解答を書きましょう。

(1) Wo muss Klara umsteigen?

(2) Wann kann sie in Wien ankommen?

4 発話練習

周りの人と練習しましょう。出題者が日本語で時間を言って、回答者はドイツ語に訳しましょう。5つずつ出題しましょう。

例 「14時25分。」→ „Es ist 14.25 Uhr."　　　「4時半。」→ „Es ist halb fünf."

周りの人と対話練習をしましょう。「場面1」と「場面2」を見ながら発話しましょう。

A: Wie spät ist es?

B: Es ist (　　　　) Uhr.

A: Wann fährt der Zug nach (　　　　) ab?

B: Er fährt um (　　　　) Uhr ab. Dann erreichen wir (　　　　) Uhr (　　　　).

（場面1）	（場面2）
現時刻：9時42分	現時刻：16時38分
目的地：Köln	目的地：Salzburg
Köln行きの列車：10時5分発	Salzburg行きの列車：16時51分発
Köln到着時刻：　11時26分	Salzburg到着時刻：　21時7分

下線部を入れ替えて、ペアで練習しましょう。冠詞の変化に注意しましょう。

Nimmst du an der Konferenz teil?

例　－　Ja, ich nehme an der Konferenz teil.

　e Sitzung / r Deutschkurs / e Umfrage / s Projekt / s Seminar

スケッチを見ないで空欄を補充しながら音読しましょう。

1.　　　　Klara: Entschuldigung, wie ka____ 1) ich nach Frei_____ 2) fahren?

　Bahnmitarbeiter: Neh_____ 3) Sie den I___ 4) um 10.47 Uhr! S_____ 5) müssen aber

　　　　i___ 6) Frankfurt umsteigen. Da_____ 7) können Sie u___ 8) 13.50 Uhr in

　　　　Frei_____ 9) ankommen.

　　　　Klara: Da_____ 10) schön! Auf Wiede_____ 11)!

　Bahnmitarbeiter: Auf Wiede_____ 12)! Gute Reise!

2.　　　Maximilian: Wie spät i_____ 13) es?

　　　　Klara: E___ 14) ist 10.20 Uhr.

　　　Maximilian: Wann kommt d_____ 15) Zug nach Frei_____ 16)?

　　　　Klara: Er ko_____ 17) in 5 Minuten.

　　　Maximilian: Wann fährt e___ 18) ab?

　　　　Klara: E___ 19) fährt um 10.47 U_____ 20) ab. Dann erre_____ 21) wir

　　　　gegen 14 U____ 22) Freiburg.

コラム ドイツ語には長い単語が多い!?

　ドイツ語を勉強していると、長い単語に出会うことがよくあります。例えば、Straßenbahnhaltestelle（路面電車の駅）は日常生活でもよく使う単語ですが、けっこう長いですね。ドイツ語に長い単語が多い理由は、単語をつなげて新しい単語を作っていくからです。このような単語のことを複合語といいます。Straßenbahnhaltestelleは、Straßenbahn（路面電車）とHaltestelle（停留所、駅）に分けられます。さらに、StraßenbahnはStraße（通り）とBahn（鉄道）に、Haltestelleはhalten（止まる）とStelle（場所）に分けられます。つまり、Straßenbahnhaltestelleは4つの基本的な単語をつなげて作っているので、4つの単語さえ知っていれば意味が推測できるのです。それでは、「バス停」はドイツ語で何というでしょうか? Bus（バス）という単語を知っていれば、Bushaltestelleだとすぐわかります。

　このように基本的な単語を組み合わせることで、新しい単語を作り出す方法には大きなメリットがあります。基本的な単語を覚えておくと、初めて見る単語でも意味を推測することができるからです。例えば、Kind（複数形はKinder）（子供）、Arzt（医師）は初学者がすぐに覚えるべき基礎単語です。この知識があれば、Kinderarztの意味がわかると思いますが、いかがでしょうか。そうです、「小児科医」です。Frau（複数形はFrauen）（女性）を知っていると、Frauenarztが「婦人科医」ということもわかります。

　それでは、(1) Zahnarzt、(2) Augenarzt、(3) Tierarztは何のお医者さんでしょうか?

　正解は、(1) 歯科医（Zahnarzt）、(2) 眼科医（Augenarzt）、(3) 獣医（Tierarzt）です。Zahn（歯）、Auge（目）、Tier（動物）という単語を知っていれば、すぐにわかるでしょう。

　このように、ドイツ語には複合語がとてもたくさんありますが、基礎単語を覚えておくと、初めて見る複合語でも意味を推測できるようになってきます。ちなみに、Dudenkorpusというデータベースの中で最も長い単語は、Rinderkennzeichnungsfleischetikettierungsüberwachungsaufgabenübertragungsgesetzです。これは法律用語ですが、中上級レベルの人なら、どんな法律のことか何となく推測できるでしょう。

　それでは、中級レベルを目指す人は何語くらい覚えるといいのでしょうか。2500語ほどの単語を覚えると、ドイツ語の一般的なテクストのおよそ75%をカバーできることがわかっているので、一つの目標となります。いきなり2500語を覚えるのは大変ですが、数年計画でチャレンジすれば達成できるでしょう。そうすれば、それを組み合わせて作られた複合語の意味も推測できるようになるので語彙力が飛躍的に伸びて、ドイツ語の学習がさらに楽しくなります。

ことわざ

2-07

Reden ist Silber, Schweigen ist Gold.
弁舌は銀、沈黙は金。

　s Reden　reden「語る」の名詞化、s Schweigen　schweigen「沈黙する」の名詞化
動詞は大文字で書き始めると、中性名詞になります。

Lektion 8 現在完了形、従属接続詞、間接疑問文

 2-08

1 キーセンテンス

① **Hast du schon das Buch gelesen?**
君はもうその本を読んだの？

② **Ich bin 20 Jahre alt geworden.**
私は20歳になりました。

③ **Ich glaube, dass er heute kommt.**
彼は今日来ると思います。

④ **Weißt du, wann der Zug kommt?**
列車がいつ来るか知ってる？

⑤ **Ich bleibe zu Hause, weil ich krank bin.** 病気なので、私は家にいます。

2 Grammatik

 過去分詞の作り方

1 規則動詞

　　ge＋語幹＋t　　spielen → gespielt

◆ 第1音節にアクセントがない動詞には ge- が付きません。

erzählen → erzählt、studieren → studiert、besuchen → besucht

2 不規則動詞

　　kommen → gekommen, gehen → gegangen など

巻末の変化表を参照してください。

3 分離動詞

　　動詞を過去分詞にして、前綴りをそのまま付けます。この場合、前綴りが分離することはありません。

aufstehen → auf<u>ge</u>stehen

 2-09

置き換え練習

音声を聞きながら、過去分詞形に置き換えましょう。

lernen / spielen / kommen / gehen / werden / sein / fahren / studieren / besuchen /
fernsehen / aufstehen / anrufen / erzählen / lesen / schreiben / wohnen / haben /
stattfinden / teilnehmen

2 現在完了形

1 語順

～ haben / sein ..... 過去分詞．（haben / sein は第2位）

過去分詞が文末に来ることに注意してください。

Ich **habe** Klavier gespielt.　私はピアノを弾きました。

疑問文を作るには、haben / sein を文頭に移動します。

Hast du Klavier gespielt?　君はピアノを弾いたの？

2 意味

▶たった今完了したこと

Ich habe gerade Sophie getroffen.　私はたった今ゾフィーに会いました。

▶過去に起こったこと

特に会話では、過去のことを表現するのに現在完了を使うのが普通です。

Ich habe gestern Sophie getroffen.　私は昨日ゾフィーに会いました。

3 haben と sein

次の動詞では sein を使います。

(1) 移動を表す

kommen, gehen, fahren など

Er **ist** in die Bibliothek gegangen.　彼は図書館に入っていきました。

(2) 状態の変化を表す

werden（～になる）, sterben, einschlafen など

Sie **ist** 20 Jahre alt geworden.　彼女は20歳になりました。

(3) その他

sein, bleiben など

Wir **sind** gestern zu Hause geblieben.　私たちは昨日家にいました。

置き換え練習

2-10

音声を聞きながら、下線部を置き換えましょう。[　]内の語は適切な形に変えましょう。

(1) Ich [habe] die Hausarbeit geschrieben.（haben を使う現在完了形）

Sie（あなた）/ Er / Wir / Ihr / Du / Sie（彼女）/ Mein Sohn / Meine Freunde

(2) Ich [bin] heute gekommen.（sein を使う現在完了形）

Sie（あなた）/ Er / Wir / Ihr / Du / Sie（彼女）/ Mein Sohn / Meine Eltern

(3) Hast du schon das Buch gelesen?（現在完了形の疑問文）

den Roman / die Zeitschrift / die Zeitung / den Brief / die E-Mail

3　従属接続詞

ある文に別の文を従属させる接続詞を従属接続詞といいます。

dass（英 *that*）、**weil**（英 *because*）、**wenn**（英 *if, when*）、**obwohl**（英 *though*）、**ob**（英 *whether*）など
主文と副文の間には必ずコンマを打ちます。

副文中の定動詞は文末に置かれます。

例　Klara glaubt, **dass** er heute <u>kommt</u>.　　　　　クララは彼が今日来ると思っています。

　　Ich weiß nicht, **ob** sie zum Essen <u>mitkommt</u>.　　彼女が食事に一緒に行くかわかりません。

2-11

置き換え練習

音声を聞きながら、下線部を置き換えましょう。[ ]内の動詞は適切な形に変えましょう。

(1) Ich bleibe zu Hause, weil ich <u>Kopfschmerzen</u> habe.（副文、体調不良）

　　Fieber / Magenschmerzen / Grippe / eine Erkältung / Schnupfen

(2) Ich glaube, dass <u>du</u> zu viel [arbeitest].（副文の人称変化）

　　sie（彼女）/ er / wir / ihr / sie（彼ら）/ meine Mutter / mein Vater

 4　間接疑問文

定動詞は副文の文末に置かれます。

Wann kommt der Zug? Weißt du das?　　列車はいつ来るの？ それを知っている？

→ Weißt du, **wann** der Zug <u>kommt</u>?　　列車がいつ来るか知ってる？

2-12

置き換え練習

音声を聞きながら、下線部を置き換えましょう。[ ]内の動詞は適切な形に変えましょう。

(1) Weißt du, wann <u>der Unterricht</u> beginnt?（間接疑問文）

　　das Konzert / die Vorlesung / die Party / das Seminar / der Vortrag

(2) Wissen Sie, warum <u>er</u> Japanisch [lernt]?（間接疑問文）

　　ich / Julia / wir / Julia und Thomas

3 スケッチ

2-13

1.

Johannes: Hast du schon das Buch gelesen?

Klara: Welches Buch meinst du?

Johannes: Du hast letzte Woche* ein Buch gekauft. Du hast mir erzählt, dass du es schnell lesen möchtest.

Klara: Ach, das Buch habe ich noch nicht gelesen, weil es sehr schwierig ist.

2.

Johannes: Weißt du, ob Klara morgen zur Party kommt?

Maximilian: Ich glaube, dass sie morgen mit Thomas essen geht.

Johannes: Um Gottes willen! Das hat sie mir nicht erzählt.

Maximilian: Na ja, Thomas hat für sie einen Tisch reserviert. Er will ihr seine Liebe gestehen.

Johannes: Das kann doch nicht wahr sein! Ich verstehe überhaupt nicht, warum Klara mit Thomas ausgeht.

* **letzte Woche**「先週に」 letzte は letzt（英 *last*）が語尾変化した形ですが、ここではこのまま覚えましょう。

4 練 習 問 題

1 文法練習A

現在完了形に書き換えましょう。

(1) Klara schreibt eine Hausarbeit.

(2) Sein Traum wird Wirklichkeit.

(3) Ich lade euch zum Essen ein.

Weißt du … （知ってる？）で始まる間接疑問文に書き換えましょう。

(4) Warum lernt Klara Japanisch?

(5) Wo wohnen ihre Eltern?

(6) Woher kommt Kathrin?

2 文法練習B

カッコ内の接続詞を使って２つの文をつなぎましょう。

(1) Klara hat Fieber. Sie arbeitet sehr hart.　(obwohl)

(2) Sie lernt sehr fleißig Deutsch. Sie möchte in Wien Musik studieren.　(weil)

(3) Ich bleibe zu Hause und lese ein Buch. Es regnet heute.　(wenn)

(4) Ihr dürft noch kein Bier trinken. Ihr seid zu jung.　(weil)

(5) Franz kommt aus Salzburg. Das weiß ich.　(dass)

(6) Das Restaurant ist noch offen. Wissen Sie?　(ob)

3 聞き取り練習

（2-14）

発話の内容に従って、次の問いの解答を書きましょう。

(1) Was macht Klara morgen zu Hause?

(2) Muss sie noch ihre Hausarbeit schreiben?

4 発話練習

ペアで練習しましょう。出題者は現在形の文を読み上げ、回答者はその文を現在完了形にして発話しましょう。

例 Liest du das Buch? → Hast du das Buch gelesen?

(1) Ich esse heute eine Pizza.

(2) Sie wird 19 Jahre alt.

(3) Ihr seht einen Film im Kino.

(4) Wir gehen eine Stunde lang spazieren.

(5) Wo bleibst du?

5 対話練習A

下記の場面を参考に、下線部を置き換え、「〜した？」、「〜していない」の対話練習をしましょう。
できなかった理由を自由に表現しましょう。

A: Hast du schon das Buch gelesen?

B: Ach, das Buch habe ich noch nicht gelesen. Letzte Woche sind meine Eltern zu mir gekommen und haben bei mir gewohnt. Ich habe mit ihnen lange über meine Zukunft gesprochen.

（場面1）　das Referat schreiben

（場面2）　mit Thomas sprechen

（場面3）　Julia anrufen

6　発話練習

周りの人と、第三者のことについて対話しましょう。

「どこに住んでいるのか」、「出身地はどこか」、「なぜ〜を学んでいるのか」、などを相手に尋ねましょう。

例　Weißt du, wo Yuki wohnt? － Ja, sie wohnt in Meguro.

　　Weißt du, woher Yukio kommt? － Ja, er kommt aus Kyoto.

　　Weißt du, warum Yuri Deutsch lernt? － Ja, sie möchte in Wien studieren.

7　スケッチの復習

スケッチを見ないで空欄を補充しながら音読しましょう。

1.

　Johannes:　Hast d____ 1) schon das Bu_____ 2) gelesen?

　　　Klara:　Wel_____ 3) Buch meinst d____ 4)?

　Johannes:　Du ha_____ 5) letzte Woche e_____ 6) Buch gekauft. D____ 7) hast mir

　　　　　　erz_____ 8), dass du e____ 9) schnell lesen möch_____ 10).

　　　Klara:　Ach, d____ 11) Buch habe i_____ 12) noch nicht gel_____ 13), weil es

　　　　　　se_____ 14) schwierig ist.

2.

　　Johannes:　Weißt d____ 15), ob Klara mor_____ 16) zur Party ko_____ 17)?

　Maximilian:　Ich gla_____ 18), dass sie mor_____ 19) mit Thomas es_____ 20) geht.

　　Johannes:　U____ 21) Gottes willen! D_____ 22) hat sie m_____ 23) nicht erzählt.

　Maximilian:　Na ja, Tho_____ 24) hat für s____ 25) einen Tisch reser_____ 26). Er will

　　　　　　i____ 27) seine Liebe gest_____ 28).

　　Johannes:　Das ka_____ 29) doch nicht wa_____ 30) sein! Ich vers_____ 31) überhaupt

　　　　　　nicht, wa_____ 32) Klara mit Tho_____ 33) ausgeht.

ことわざ

🎧 2-15

Liebe macht blind.　恋は盲目。

e Liebe 愛、machen（〜の状態に）する、blind 盲目の

1 キーセンテンス

① Ich freue mich auf die Party. 私はパーティーを楽しみにしている。

② Sie interessiert sich für Musik. 彼女は音楽に興味がある。

③ Das ist ein interessantes Buch. それは面白い本だ。

④ Das neue Smartphone ist teuer.
その新しいスマートフォンは高い。

⑤ Kyoto ist im Herbst am schönsten.
京都は秋が一番美しい。

2 Grammatik

1 da(r)前置詞　その〜

「前置詞＋es」は許されないので、「da(r)前置詞」の形をとります。

dafür（そのために）, daneben（その横に）, davon, dazwischen（その間に）, dazu（それに加えて）など

◆ 前置詞が母音で始まる時にはrを挿入します。

darauf（その上に）, darin（その中に）, darunter（その下に）など

置き換え練習

音声を聞きながら、「da(r)前置詞」を作りましょう。

für / in / neben / zu / unter / von / auf

2 再帰動詞

再帰動詞は主語と同じ内容の語を目的語にとる動詞です。再帰代名詞には3格と4格があります。

Das kann ich mir gut vorstellen.　　そのことを私はよく想像できます。
　　　　　　3格

Ich interessiere mich für Musik.　　私は音楽に興味があります。
　　　　　　　4格

	ich	du	er / sie / es	wir	ihr	sie	Sie
3格	mir	dir	sich	uns	euch	sich	sich
4格	mich	dich	sich	uns	euch	sich	sich

sich³ 4格 vorstellen　想像する, sich⁴ für 4格 interessieren　興味を持つ, sich⁴ an 4格 erinnern　思い出す, sich⁴ auf 4格 freuen　楽しみにする, sich⁴ über 4格 freuen　喜ぶ　sich⁴ mit 3格 unterhalten　語り合う　sich⁴ auf 4格 vorbereiten 準備する　など

置き換え練習

音声を聞きながら、下線部を置き換えましょう。[ ]内は適切な形に変えましょう。

(1) Ich [muss mich] auf die Prüfung vorbereiten. (再帰代名詞)

Sie（彼女）/ Er / Wir / Ihr / Du / Sie（あなた）/ Meine Schwester / Klaus und Peter

(2) [Interessierst] du [dich] für Musik? (再帰代名詞)

sie（彼女）/ er / wir / ihr / du / sie（彼ら）/ meine Schwester / Klaus und Peter

(3) Freust du [dich] auf die Party? (再帰代名詞)

die Reise nach Deutschland / den Urlaub am Bodensee / ein Date mit Klara /
die Wanderung am Wochenende

3 形容詞の格変化

形容詞が名詞を修飾する時には、名詞の性・数・格により形容詞の語尾が変化します。
この教科書では、1格と4格の変化だけを練習します。

◆ 形容詞の語尾変化ポイント（冠詞類が付く時）

- 1格と4格は、男性以外は同じ形です。
- （この教科書で練習はしませんが）2格と3格はすべて -en が付きます。

1 定冠詞類が付く場合（弱変化）

	男性	女性	中性	複数
1格	der **gute** Mann	die **gute** Frau	das **gute** Kind	die **gut**en Kinder
2格	des **gut**en Mannes	der **gut**en Frau	des **gut**en Kindes	der **gut**en Kinder
3格	dem **gut**en Mann	der **gut**en Frau	dem **gut**en Kind	den **gut**en Kindern
4格	den **gut**en Mann	die **gute** Frau	das **gute** Kind	die **gut**en Kinder

定冠詞類が付く時は弱い変化（-e、-en）になります。
複数3格では名詞の語末にnを付けます。

2 不定冠詞類が付く場合（混合変化）

	男性	女性	中性
1格	ein **guter** Mann	eine **gute** Frau	ein **gutes** Kind
2格	eines **gut**en Mannes	einer **gut**en Frau	eines **gut**en Kindes
3格	einem **gut**en Mann	einer **gut**en Frau	einem **gut**en Kind
4格	einen **gut**en Mann	eine **gute** Frau	ein **gutes** Kind

不定冠詞類が付く時は、強い変化（-er、-es）と弱い変化が混じります。

3 冠詞がない場合

この教科書では、比較的頻度が高い複数形の１格と４格だけを学びます。

複数形の１格と４格：形容詞 +e

<u>Viele</u> Leute lernen Englisch. （１格）多くの人が英語を学んでいます。

Anna hat <u>viele</u> Bücher. （４格）アナはたくさんの本を持っています。

2-19

置き換え練習

音声を聞きながら、下線部を置き換えましょう。[ ]内の形容詞は適切な形に変えましょう。

(1) Das ist <u>das</u> [neue] <u>Auto</u>. （形容詞１格・定冠詞）

Fahrrad / Jacke / PC / Uhr / Smartphone / Schule / Roman

(2) Das ist <u>ein</u> [gutes] <u>Auto</u>. （形容詞１格・不定冠詞）

Fahrrad / Jacke / PC / Uhr / Smartphone / Schule / Roman

(3) Ich suche <u>ein</u> [gutes] <u>Auto</u>. （形容詞４格・不定冠詞）

Fahrrad / Jacke / PC / Uhr / Smartphone / Schule / Roman

---

4 比較級・最上級

1 比較級は語尾に -er、最上級は語尾に -st を付けます。

原級	比較級	最上級
einfach	einfach**er**	einfach**st**
schwierig	schwierig**er**	schwierig**st**

2 １音節の形容詞では a, o, u によくウムラウトが付きます。

groß	gr**ö**ß**er**	gr**ö**ß**t**
jung	j**ü**ng**er**	j**ü**ng**st**
klug	kl**ü**g**er**	kl**ü**g**st**
alt	**ä**lt**er**	**ä**lt**est**
kurz	k**ü**rz**er**	k**ü**rz**est**

（語尾が d, t, z で終わる場合 -est）

3 不規則変化の形容詞

gut	**besser**	**best**
hoch	**höher**	**höchst**
nah	**näher**	**nächst**
viel	**mehr**	**meist**
gern (副詞)	**lieber**	**liebst**

4 「～よりも」は als （英 than）

Thomas ist **größer** <u>als</u> Johannes. トーマスはヨハネスよりも背が高いです。

5 「最も～だ」は am 最上級 en

Thomas ist hier **am größten**. トーマスはここでは一番背が高いです。

Kyoto ist im Herbst **am schönsten**. 京都は秋が一番美しいです。

置き換え練習

音声を聞きながら、下線部を適切な形に変えて置き換えましょう。

2-20

(1) Er ist <u>fleißiger</u>.（比較級）

    faul / freundlich / streng / nett / sympathisch / klug

(2) Heute ist es <u>wärmer</u> als gestern.（比較級）

    kalt / kühl / heiß / schwül / trocken

(3) Die englische Aussprache ist am <u>schwierigsten</u>.（最上級）

    einfach / kompliziert / schwer / komisch / langweilig

5 同等比較

◆ so 原級 wie A「Aと同じくらい〜」（英 as 原級 as A）

Thomas ist **so** groß **wie** Maximilian.　トーマスはマクシミリアンと同じくらい背が高いです。

◆ nicht so 原級 wie A「Aほど〜ない」（英 not so 原級 as A）

Mein Auto ist nicht **so** teuer **wie** dein Auto. 私の車は君の車ほど高くありません。

置き換え練習

音声を聞きながら、下線部を置き換えましょう。

2-21

(1) Julia ist so <u>nett</u> wie Kathrin.（同等比較）

    faul / freundlich / streng / nett / sympathisch / klug

(2) Thomas ist nicht so <u>nett</u> wie Johannes.（同等比較、否定）

    faul / freundlich / streng / nett / sympathisch / klug

3 スケッチ

2-22

1.　Klara: Ich habe mich letzte Woche mit Thomas unterhalten. Er interessiert sich für Japan. Er isst sehr gerne japanisch. Er bereitet sich auf eine Reise nach Japan vor, weil er dort Japanisch lernen will.

Maximilian: Interessierst du dich auch für Japan? Du hast mir einmal erzählt, dass du in der Schule Judo gelernt hast.

Klara: Ja, aber daran erinnere ich mich kaum noch. Damals habe ich noch nicht an Japan gedacht.

2.　Mai: Ist Deutsch schwieriger als Englisch?

Maximilian: Ich glaube, du weißt das besser, weil du Deutsch und Englisch lernst. Man sagt aber, dass die deutsche Grammatik komplizierter ist. Für mich ist natürlich Deutsch einfacher als Englisch, weil Deutsch meine Muttersprache ist.

Mai: Ich glaube auch, dass die deutsche Grammatik schwieriger ist. Aber, für mich ist die englische Aussprache am schwierigsten.

4　練習問題

1　文法練習A

カッコ内の指示に従って適語を入れましょう。

(1) Er kann (　　　　　) nicht mehr (　　　　　　　) seinen Lehrer erinnern.（再帰代名詞、前置詞）

(2) Sie hat ein (　　　　　) Smartphone gekauft.（neu、形容詞の変化）

(3) Die (　　　　　) Frau ist meine Mutter.（schön、形容詞の変化）

(4) Dieser Weg ist (　　　　　).（nah、比較級）

(5) Deutsch ist (　　　　　) schwer (　　　　　) Englisch.（同等比較）

(6) Maximilian ist nicht (　　　　　) groß (　　　　　) Thomas.（同等比較）

(7) Wir trinken (　　　　　) Tee (　　　　) Kaffee.（gern、比較級）

(8) Der Mount Everest ist (　　　　) (　　　　　) auf der Erde.（hoch、最上級）

2　文法練習B

カッコ内の語句を使って文を完成させましょう。

(1) Ich muss (　　　　　　　　　　　　　　　　　　　　　　　　　).
(ein Referat, sich⁴ für 4格 vorbereiten)（発表の準備をする）（再帰代名詞）

(2) Sie hat (　　　　　　　　　　　　　　　　　　　　　　　　　).
(das Geschenk, sich⁴ über 4格 freuen)（プレゼントに喜ぶ）（再帰代名詞、現在完了形）

(3) Ich kann (　　　　　　　　　　　　　　　　　　　　　　　　).
(sich³ 4格 nicht vorstellen, eine Welt ohne Internet)（インターネットのない世界は想像できない）（再帰代名詞）

カッコ内の語句を正しい順番に並び替え、和訳しましょう。

(4) In Kyoto (in München, im Sommer, es, ist, als, heißer).

(5) Fahren (mit dem Bus, Sie, als, lieber) mit dem Taxi?

(6) In Tokyo (in Kyoto, Universitäten, als, es, gibt, mehr).

(7) Auf dem Land (in Tokyo, Verkehr, als, weniger, ist).

🎧 2-23　3　聞き取り練習

ドイツ人のJuliaから日本人のHayatoへの質問から会話が始まります。音声を聞いて、次の問いの解答を書きましょう。

(1) Kann Hayato Deutsch besser als Englisch sprechen?

_____

(2) Welche Probleme hat er denn, wenn er Deutsch spricht?

_____

4　発話練習

周りの人と練習しましょう。出題者は色を表す形容詞を使って日本語で言い、回答者はそれをドイツ語に訳しましょう。

例　赤い車 → ein rotes Auto　　　　　　　その赤い車 → das rote Auto

【名詞】 s Smartphone / e Jacke / s Haus / s Notebook / s Handtuch / s Fahrrad / e Hose など

【色】 rot 赤 / gelb 黄 / grün 緑 / blau 青 / violett 紫 / schwarz 黒 / weiß 白 / golden 金 / silbern 銀

5　対話練習A

周りの人と練習しましょう。下にある表現を参考に下線部を置き換え、対話練習をしましょう。ペア練習の時はdu、3名以上で練習する時はihrを使って尋ねましょう。

A:　Interessierst du dich auch für <u>Deutsch</u>? / Interessiert ihr euch auch für <u>Deutsch</u>?

B:　Ja, ich interessiere mich auch für <u>Deutsch</u>. / Ja, wir interessieren uns auch für <u>Deutsch</u>.
　　Nein, ich interessiere mich für <u>Englisch</u>. / Nein, wir interessieren uns für <u>Englisch</u>.

Geschichte / Chemie / Physik / Mathematik / Biologie / Politik / Kunst / Musik　など

6　対話練習B

周りの人と練習しましょう。

(1)　Welches Hotel ist teurer, das Hotel in Zürich oder das in Tokyo?
　　Welches Hotel ist am teuersten?

das Hotel in Zürich (¥25.000) / das Hotel in Tokyo (¥15.000) / das Hotel in Berlin (¥20.000)

(2)　Welches Auto ist schneller, mein Auto oder dein Auto?
　　Welches Auto ist am schnellsten?

mein Auto (180 km/h) / dein Auto (130 km/h) / sein Auto (150 km/h)

7　スケッチの復習

スケッチを見ないで空欄を補充しながら音読しましょう。

1.　Klara:　Ich ha＿＿＿ ^1) mich letzte Wo＿＿＿＿ ^2) mit Thomas unter＿＿＿＿＿ ^3).
　　　　Er interessiert si＿＿＿ ^4) für Japan. E＿＿ ^5) isst sehr ge＿＿＿＿＿ ^6) japanisch.
　　　　Er bere＿＿＿＿＿＿ ^7) sich auf ei＿＿＿ ^8) Reise nach Ja＿＿＿ ^9) vor, weil
　　　　e＿＿ ^10) dort Japanisch ler＿＿＿＿＿ ^11) will.
　Maximilian:　Intere＿＿＿＿＿＿＿＿ ^12) du dich au＿＿＿ ^13) für Japan? D＿＿ ^14) hast mir
　　　　ein＿＿＿＿ ^15) erzählt, dass d＿＿ ^16) in der Sch＿＿＿＿ ^17) Judo gelernt ha＿＿＿ ^18).
　　Klara:　Ja, ab＿＿＿ ^19) daran erinnere i＿＿＿ ^20) mich kaum no＿＿＿ ^21). Damals habe
　　　　i＿＿ ^22) noch nicht an Ja＿＿＿＿ ^23) gedacht.

2.　Mai:　Ist Deutsch schwi＿＿＿＿＿＿＿ ^24) als Englisch?
　Maximilian:　Ich glaube, d＿＿ ^25) weißt das bes＿＿＿ ^26), weil du Deu＿＿＿＿＿ ^27) und Englisch
　　　　ler＿＿＿＿ ^28). Man sagt aber, da＿＿ ^29) die deutsche Gram＿＿＿＿＿ ^30)
　　　　komplizierter ist. F＿＿ ^31) mich ist natü＿＿＿＿＿＿ ^32) Deutsch einfacher
　　　　a＿＿＿ ^33) Englisch, weil Deu＿＿＿＿＿ ^34) meine Muttersprache i＿＿ ^35).
　　Mai:　Ich gla＿＿＿ ^36) auch, dass d＿＿ ^37) deutsche Grammatik schwi＿＿＿＿ ^38)
　　　　ist. Aber, für mich ist d＿＿ ^39) englische Aussprache am schwierigsten.

ことわざ

🎧 2-24

Das ist leichter gesagt als getan.　言うは易く行うは難し。

leichter　leicht「簡単な」の比較級、
gesagt　言われる（sagen「言う」の過去分詞）、getan　なされる（tun「する」の過去分詞）
直訳は「なされるより言われる方が易しい」

2-25

1　キーセンテンス

① Es ist nicht einfach, eine Fremdsprache zu beherrschen.
外国語をマスターするのは容易ではありません。

② Ich habe angefangen, Japanisch zu lernen.
私は日本語の勉強を始めた。

③ Hast du Lust, in die Mensa zu gehen?
学食に行く気ある？

④ Die Bibliothek wird um 8 Uhr geöffnet.　その図書館は8時に開館する。

⑤ Das Restaurant ist bis 22 Uhr geöffnet.　そのレストランは22時まで開いている。

2　Grammatik

　zu不定詞句

「**zu** + 不定詞」で、英語のto不定詞句に対応します。

◆　zu不定詞句では、「**zu** + 不定詞」が最後に来て、目的語や補語などの成分はzuの前に来ます。

◆　原則としてzu不定詞句はコンマで区切ります。

1　主語（名詞的用法）

Es ist schwer, eine Fremdsprache **zu** beherrschen.　（esは仮主語）
外国語をマスターするのは難しいです。
（英　*It is difficult to master a foreign language.*）
= Eine Fremdsprache **zu** beherrschen, ist schwer.
（英　*To master a foreign language is difficult.*）

2　目的語（名詞的用法）

Ich habe angefangen, Klavier **zu** lernen.
私はピアノを習い始めました。（←私はピアノを習うことを始めました。）

3　名詞の付加語（形容詞的用法）

Ich habe heute keine Lust, Deutsch **zu** lernen.　私は今日ドイツ語を勉強する気がしません。

4　分離動詞のzu不定詞

前綴りと動詞の間にzuをはさみます。

Hast du Lust, an der Party teil**zu**nehmen?　そのパーティーに参加する気ある？

5 um ～ zu不定詞「～するために」（英 *in order to* ～)、ohne ～ zu不定詞「～せずに」（英 *without ～ing*）（副詞的用法）

Du musst fleißig lernen, <u>um</u> die Prüfung **zu** bestehen.
試験に合格するためには、一生懸命勉強しなければなりません。

Sie sitzt, <u>ohne</u> ein Wort **zu** sagen.　彼女は一言も発せずに座っています。

6 haben ～ zu不定詞　「～しなければならない」（英 *have to* ～)

Ich <u>habe</u> eine Seminararbeit **zu** schreiben.　私はゼミのレポートを書かなければなりません。

置き換え練習

🎧 2-26

音声を聞きながら、下線部を置き換えましょう。

(1) Es ist schön, <u>dich zu sehen</u>.（名詞的用法）

　　dich treffen / mit dir essen / mit dir leben

(2) Ich habe vergessen, <u>die Hausaufgabe zu machen</u>.（名詞的用法）

　　Brot kaufen / einen Aufsatz schreiben / ihn anrufen / ihr eine E-Mail schreiben

(3) Hast du Zeit, <u>mit mir ins Kino zu gehen</u>?（形容詞的用法）

　　das Buch lesen / in die Mensa gehen / Deutsch lernen / zur Party gehen

(4) Sie hat noch <u>zu arbeiten</u>.（haben ～ zu不定詞）

　　das Buch lesen / das Abendessen kochen / das Fahrrad reparieren /
　　einkaufen gehen

---

2 受動態

1 動作受動「werden + … + 過去分詞」（～される）

◆ 過去分詞は文末に置かれます。

　　Die Bibliothek **wird** um 8 Uhr <u>geöffnet</u>.　図書館は8時に開館します。

2 状態受動「sein + 過去分詞」（～されている）

Die Bibliothek **ist** von 8 Uhr bis 22 Uhr <u>geöffnet</u>.　図書館は8時から22時まで開館しています。

3 von「～（人）によって」

Das Buch wird **von** mir geschrieben.　その本は私によって書かれます。

4 「～（人）によって」のない受動文

In Deutschland wird Deutsch gesprochen.　ドイツではドイツ語が話されます。
= In Deutschland spricht man Deutsch.
不特定の「人」を指すmanは、ほとんどの場合日本語に訳しません。

確認 werdenの3つの用法

(1) 動詞「〜になる」

Ich möchte Deutschlehrer **werden**.　　私はドイツ語教師になりたいです。

(2) 助動詞「〜だろう」

Am Wochenende **wird** es regnen.　　週末には雨が降るでしょう。

(3) 受動文を作る助動詞

Mein Auto **wird** bald repariert.　　私の車はすぐに修理されます。

置き換え練習

音声を聞きながら、下線部を置き換えましょう。(1)の動詞は過去分詞に変えましょう。

(1) Das wird bald <u>gemacht</u>. （動作受動）

　　wiederholen / übersetzen / erzählen / lehren / üben

(2) <u>Die Bibliothek</u> wird um 21 Uhr geschlossen. （動作受動）

　　Die Mensa / Das Café / Das Restaurant / Der Supermarkt / Das Kaufhaus

(3) <u>Die Bibliothek</u> ist bis 21 Uhr geöffnet. （状態受動）

　　Die Mensa / Das Café / Das Restaurant / Der Supermarkt / Das Kaufhaus

2-28

3　スケッチ

1.　Klara: Es ist nicht einfach, eine Fremdsprache zu beherrschen. Aber ich habe mich entschieden, Japanisch zu lernen.

Maximilian: Warum? Hast du wirklich Lust, jeden Tag an Japanisch zu denken? Um Japanisch zu beherrschen, muss man jeden Tag fleißig lernen. Das kann ich mir kaum vorstellen.

Klara: Aller Anfang ist schwer.

2.　Mai: Englisch wird in Japan am meisten gelernt. Wie ist die Situation in Deutschland? Welche Fremdsprache wird in Deutschland am meisten gelernt?

Maximilian: In Deutschland wird auch Englisch am meisten gelernt. Außer Englisch werden in Deutschland oft Französisch und Spanisch gelernt. Für uns ist Englisch nicht so schwer, weil es mit Deutsch verwandt ist.

Mai: Jetzt verstehe ich, warum viele Deutsche gut Englisch sprechen können.

4 練習問題

1 文法練習A

カッコ内の語を正しく並び替えて、全文を日本語に訳しましょう。

(1) Es ist schwer, (auf, den, steigen, Berg, zu).

(2) Man muss den ersten Preis bekommen, (bekommen, das Stipendium, zu, um).

(3) In der (und, Deutsch, Italienisch, Französisch, Schweiz, gesprochen, werden).

(4) Dieser Roman (ins, wird, übersetzt, Japanische).

(5) Es ist wichtig, außer Englisch (zu, eine, noch, Fremdsprache, lernen).

2 文法練習B

カッコ内の指示に従って文を完成させましょう。

(1) Er repariert das Auto. （受動態に書き換え）

(2) In Italien spricht man Italienisch. （受動態に書き換え）

(3) Viele Touristen besuchen Japan. （受動態に書き換え）

(4) Ich muss noch einen Aufsatz schreiben. （haben 〜 zu不定詞）

(5) Ich lerne Deutsch, (in Wien Musik studieren). （um … zu不定詞）

(6) Du kannst nicht in Deutschland studieren, (Deutsch lernen). （ohne …zu不定詞）

🎧 3 聞き取り練習
2-29

ドイツ人のKlaraから日本人のMakiへの質問から会話が始まります。音声を聞いて、次の問いの解答を書きましょう。

(1) Auf welche Sprache möchte Maki mit Klara sprechen?

(2) Hat Maki gesagt, dass Japaner nur Englisch lernen?

4 発話練習

周りの人と練習しましょう。出題者が不定形を言って、相手はzu不定詞句を作ります。

例 fleißig Deutsch lernen → fleißig Deutsch zu lernen

eine Stunde Deutsch lernen / lange fernsehen / in die Mensa gehen / an meine Mutter denken / um 7 Uhr aufstehen / meinen Vater anrufen / an einer Sitzung teilnehmen

5 対話練習A

周りの人と練習しましょう。開いている時間を尋ねましょう。

例 Ist die Bibliothek jetzt geöffnet?

— Ja, sie ist bis 21 Uhr geöffnet. / Nein, sie ist am Sonntag geschlossen.　など

das Café (10.00 Uhr bis 21 Uhr, am Mittwoch geschlossen) / das Restaurant (11.00 Uhr bis 23 Uhr, am Montag geschlossen) / der Supermarkt (9.00 Uhr bis 20 Uhr / am zweiten und vierten Dienstag geschlossen) / die Buchhandlung (10.30 Uhr bis 19 Uhr, an Feiertagen geschlossen) / die Mensa (11.30 Uhr bis 18 Uhr, am Sonntag geschlossen) / der Drugstore (rund um die Uhr geöffnet)

6 対話練習B

下線部を置き換えて対話練習をしましょう。波線部は、その外国語を学ぶ理由を自由に考えましょう。

A: Es ist nicht einfach, eine Fremdsprache zu beherrschen. Aber ich habe mich entschieden, Japanisch zu lernen.

B: Warum?

A: Weil ich sehr gerne Manga auf Japanisch lesen möchte.

sich für … interessieren / in 地名・国名 arbeiten möchte / eine Freundin / einen Freund aus … haben / … Küche mögen (z. B. „japanische Küche") など

7 スケッチの復習

スケッチを見ないで空欄を補充しながら音読しましょう。

1.

Klara: Es i____ 1) nicht einfach, ei____ 2) Fremdsprache zu beher_____ 3). Aber ich ha_____ 4) mich entschieden, Japa_____ 5) zu lernen.

Maximilian: Warum? Hast d____ 6) wirklich Lust, je_____ 7) Tag an Japa_____ 8) zu denken? U____ 9) Japanisch zu beher_____ 10), muss man je_____ 11) Tag fleißig ler_____ 12). Das kann i____ 13) mir kaum vorst_____ 14).

Klara: Aller Anf_____ 15) ist schwer.

2.

Mai: Englisch wi_____ 16) in Japan a____ 17) meisten gelernt. W_____ 18) ist die Situ_____ 19) in Deutschland? Wel_____ 20) Fremdsprache wird i____ 21) Deutschland am mei_____ 22) gelernt?

Maximilian: I____ 23) Deutschland wird au_____ 24) Englisch am mei_____ 25) gelernt. Außer Engl_____ 26) werden in Deuts_____ 27) oft Französisch u_____ 28) Spanisch gelernt. F_____ 29) uns ist Engl_____ 30) nicht so sch_____ 31), weil es m_____ 32) Deutsch verwandt i____ 33).

Mai: Jetzt vers_____ 34) ich, warum vi_____ 35) Deutsche gut Engl_____ 36) sprechen können.

コラム 文法規則は忘れるために覚える!?

　これまでドイツ語を学んできて、ドイツ語の文法は複雑で難しいと思った人が多いのではないでしょうか。人称や数、時制によって動詞の語尾や母音が変化し、名詞には文法性があって冠詞も文法性や格により形が違うなど、覚えなければならない規則がたくさんあります。母語である日本語を覚える時に、こんな苦労をしたことはありませんね。どうやって日本語を身につけたか正確に覚えている人はいないと思いますが、動詞の活用や格助詞、授受動詞など文法規則を覚えて、たくさんの練習問題をこなしてやっと話せるようになったという人はいないでしょう。物心がついた頃には、自然に日本語を話していたはずです。幼児は周りの人が話していることばを聞いて真似していると、知らず知らずのうちに複雑な発音や文法規則などを身につけることができるからです。

　それならドイツ語でも同じように、ドイツ語をたくさん聞いていれば、自然に話せるようになるのでしょうか。一般的には、幼児期からだいたい12～13歳くらいの間ならしっかり言語を習得できるといわれており、いわゆるネイティブスピーカーとはその間に言語を身につけて、その言語を使い続けてきた人のことを指します。それ以降には、外国語として意識的に勉強して習得する他ありません。外国語習得には、個人差や環境、その外国語が自分の母語と似ているかどうかなど、さまざまな要因が複雑に影響します。そのため、12～13歳を過ぎたらネイティブスピーカーのように習得できないと言い切ることはできませんが、とても難しいのは確かです。

　子供のように自然に外国語を習得できないのなら、どうすればいいのでしょうか。特に日本のように日常生活で外国語を使う機会がほとんどない環境では、意識的に学ぶ他ありません。そのためには文法規則や単語などを、体系的に覚える必要があります。時には「冠詞」や「前置詞」、「関係代名詞」、「接続法」などの文法用語も出てきます。こうした文法用語は、ドイツ語を使うこと自体には必要ありませんが、ドイツ語の構造を理解する上で便利なのです。こうした文法用語を介して文法規則を理解し、練習しながら慣れていくことが重要です。最初の段階では、実際の会話でも文法規則や単語の使い方を考えてしまって、会話の途中でもたつくこともあるでしょう。だからといって、文法学習に意味がないわけではありません。自力で相手に伝わる文を発話するための足場として、文法規則がとても役に立つのです。こうした練習を重ねていけば、いずれは文法規則を無意識のうちに活用できるようになって、自然に発話できるようになってきます。意識的に規則を覚えるのは、最終的には規則を体得して、規則のことを忘れて使いこなせるようになるためです。

ことわざ

2-30

Jeder hat sein Kreuz zu tragen.　　人それぞれ苦労はある。

jeder 誰もが、s Kreuz 十字架、tragen 運ぶ、負担する
直訳は「誰もが自分の十字架を背負わねばならない」

1　キーセンテンス

2-31

① **Ich war einmal in Kyoto.**　私は以前に京都に行ったことがあります。

② **Damals konnte ich noch kein Deutsch sprechen.**

　　そのころ私はまだドイツ語が話せませんでした。

③ **Fahren Sie langsam!**

　　ゆっくり運転してください。(Sie に対する命令形)

④ **Fahrt langsam!** ゆっくり運転して。(ihr に対する命令形)

⑤ **Fahr langsam!** ゆっくり運転して。(du に対する命令形)

2　Grammatik

命令形

相手によって3通りの形があります。

1 敬称 Sie を使う相手 (42ページ参照)

　主語を省略せず、疑問文と同じ語順にします。

　Fahren Sie langsam!　　　　ゆっくり運転してください。

　参考 Fahren Sie langsam?　ゆっくり運転するのですか。

2 親称 du を使う相手

　動詞の語幹(e) …！　　　　**Fahr** langsam!　ゆっくり運転して。

3 親称 ihr を使う相手

　動詞の語幹 t …！　　　　**Fahrt** langsam!　ゆっくり運転して。

◆ sein は不規則

　(敬称 Sie を使う相手)　　**Seien** Sie bitte ruhig!　静かにしてください。

　(親称 du を使う相手)　　**Sei** bitte ruhig!　静かにして。

　(親称 ihr を使う相手)　　**Seid** bitte ruhig!　静かにして。

◆ 親称 du を使う相手で、不規則動詞 i(e) 型の命令形

　lesen, essen, sprechen など

　Sprich lauter! もっと大きな声で話してよ。

　親称 ihr を使う相手に対しては、規則通りです。

　Sprecht lauter!

置き換え練習

音声を聞きながら、命令文を言い換えましょう。

(1) Schreiben Sie ihm bitte einen Brief!（命令形）

    duを使う相手に / ihrを使う相手に

(2) Lesen Sie bitte diesen Artikel!（命令形 i(e)型不規則動詞）

    duを使う相手に / ihrを使う相手に

(3) Zeigen Sie mir mal die Fotos!（命令形）

    duを使う相手に / ihrを使う相手に

(4) Seien Sie vorsichtig!（命令形 sein）

    duを使う相手に / ihrを使う相手に

2-32

2 不定関係代名詞 was

特定の先行詞を持たず「～こと」という意味になります。alles、etwas、das、nichtsなどを先行詞としてとることもあります。

Ich verstehe nicht, **was** du sagst.　君の言うことが私にはわからない。

Erzähl mir alles, **was** du weißt.　　君が知っていることを、全て私に話して。

3 過去形

過去形は主に書きことばで使われます。会話で過去のことを言う時には現在完了形を使うのが一般的です。

ただし、sein、haben、werden、話法の助動詞については、会話でも過去形が使われます。この教科書では、sein、haben、werden、話法の助動詞だけ練習します。

原形	過去形		原形	過去形
sein	**war**		haben	**hatte**
können	**konnte**		müssen	**musste**
wollen	**wollte**		sollen	**sollte**
dürfen	**durfte**		werden	**wurde**

過去形にも以下の人称変化が必要です。ただし、1人称と3人称の単数形には何も付けません。

du	**-st**
ihr	**-t**
wir / sie（複数）/ Sie	**-(e)n**

Du war**st** gestern nicht in der Schule.　君は昨日学校を休んでいました。

Hatte**n** Sie damals noch keinen Führerschein?　その頃はまだ運転免許証をお持ちでなかったのですか。

置き換え練習

音声を聞きながら、下線部を置き換えましょう。[ ]内のseinは適切な形に変えましょう。

(1) [Waren] Sie einmal in Deutschland?（sein 過去形）

　　　sie（彼女）/ er / ihr / du / deine Schwester / Klaus und Peter

(2) Ich wollte den Roman lesen.（助動詞 過去形）

　　　musste / konnte / durfte / sollte

3　スケッチ

1. Maximilian: Hallo, Thomas! Ich habe gehört, dass du nach Japan gehst.

Thomas: Ja, im August nehme ich am Sommerkurs in Osaka teil. Ich habe auf Facebook einen Deutschen kennengelernt. Er arbeitet jetzt in Osaka als Deutschlehrer. Er hat mir eine gute Sprachschule in Osaka empfohlen. Ich muss noch einen Flug buchen.

Maximilian: Was machst du nach dem Sommerkurs?

Thomas: Ich war einmal in Kyoto. Die Stadt hat mir sehr gut gefallen. Ich möchte gerne dort studieren.

2. Mai: In Japan müssen wir in der Schule Englisch lernen. Stell dir vor, wie schwer es für uns ist, außer Englisch noch eine Fremdsprache zu lernen.

Maximilian: Ich verstehe, wie schwer Englisch für euch ist. Warum lernst du dann noch Deutsch?

Mai: Weil ich mich für die deutsche Kultur interessiere. Aber, immer mehr Japaner lernen Chinesisch oder Koreanisch. Die Sprachen der Nachbarländer sind wichtig. Wenn man ihre Kulturen verstehen will, muss man ihre Sprachen lernen.

4 練習問題

1 文法練習A

命令形に書き換えましょう。

(1) Du musst schnell die Hausaufgabe machen.

(2) Ihr müsst endlich ins Bett gehen.

(3) Sie können Platz nehmen.

カッコ内の語を過去形に書き換えましょう。

(4) Ich (　　　　　) in Deutschland, als das schwere Erdbeben Japan getroffen hat. (sein)

(5) (　　　　　) du damals krank? (sein)

(6) In den Sommerferien (　　　　　) wir auf den Berg steigen. (wollen)

(7) (　　　　　) ihr nicht verstehen, was ich gesagt habe? (können)

2 文法練習B

指示に従って文を書き換えましょう。

(1) Bist du müde?

— Ja, ich kann nicht gut schlafen.

（下線部を過去形に）（　　　　　　　　　　　　　　　　　　　　）

(2) Wo seid ihr?（gestern を用い過去形に）

（　　　　　　　　　　　　　　　　　　　　　　　　　　　　　）

(3) Ich muss ihr die E-Mail schicken.（am Wochenende を用い過去形に）

（　　　　　　　　　　　　　　　　　　　　　　　　　　　　　）

(4) Das ist alles. Das habe ich gelernt.（不定関係代名詞was を使って）

（　　　　　　　　　　　　　　　　　　　　　　　　　　　　　）

(5) Ich erzähle das dir. Ich habe das gehört.（不定関係代名詞was を使って）

（　　　　　　　　　　　　　　　　　　　　　　　　　　　　　）

(6) Ihr sollt aussteigen.（命令形で）

（　　　　　　　　　　　　　　　　　　　　　　　　　　　　　）

(7) Du sollst keine Angst haben.（命令形で）

（　　　　　　　　　　　　　　　　　　　　　　　　　　　　　）

3 聞き取り練習

2-35

音声を聞いて、次の問いの解答を書きましょう。

(1) Warum kommt Thomas nicht zur Party?

(2) Wo machen seine Eltern Urlaub?

4　発話練習 ---

周りの人と練習しましょう。出題者は現在形の文を言って、回答者はそれを過去形に変えて言いましょう。

例　Ich kann Klavier spielen. → Ich konnte Klavier spielen.

(1)　Wir sind in Deutschland.

(2)　Ich will nach Bozen fahren.

(3)　Mein Großvater kann Lastwagen fahren.

(4)　Die Kinder wollen ihre Großeltern besuchen.

(5)　Der Kühlschrank ist leer.

(6)　Wir haben ein großes Haus.

5　対話練習A ---

周りの人と、「〜に行ったことある？」（Warst du einmal in 〜?）の対話をしましょう。

例　Warst du einmal in Wien? − Ja, dort bin ich ins Konzert gegangen.

6　対話練習B ---

周りの人と練習しましょう。出題者はmüssenを使った文を言って、回答者はそれを命令形に変えて言いましょう。

例　Sie müssen langsam fahren　　　　→ Fahren Sie langsam!

　　Du musst langsam fahren.　　　　　→ Fahr langsam!

　　Ihr musst langsam fahren.　　　　　→ Fahrt langsam!

　fleißig Deutsch lernen / vorsichtig sein / langsam essen / ihrem, deinem, eurem Professor eine E-Mail schreiben / ihre, deine, eure Freunde fragen　など

7 スケッチの復習 ---

スケッチを見ないで空欄を補充しながら音読しましょう。

1.

Maximilian: Hallo, Tho_____¹⁾! Ich habe geh_____²⁾, dass du na_____³⁾ Japan gehst.

Thomas: Ja, im Aug_____⁴⁾ nehme ich a____⁵⁾ Sommerkurs in Os_____⁶⁾ teil. Ich

ha_____⁷⁾ auf Facebook ei_____⁸⁾ Deutschen kennengel_____⁹⁾. Er

arebeitet je_____¹⁰⁾ in Osaka a_____¹¹⁾ Deutschlehrer. Er h_____¹²⁾ mir

eine gu_____¹³⁾ Sprachschule in Os_____¹⁴⁾ empfohlen. Ich mu_____¹⁵⁾

noch einen Fl_____¹⁶⁾ buchen.

Maximilian: W_____¹⁷⁾ machst du na_____¹⁸⁾ dem Sommerkurs?

Thomas: Ich war ein_____¹⁹⁾ in Kyoto. D_____²⁰⁾ Stadt hat m_____²¹⁾ sehr gut

gefa_____²²⁾. Ich möchte ge_____²³⁾ dort studieren.

2.

Mai: In Japan müs_____²⁴⁾ wir in d_____²⁵⁾ Schule Englisch ler_____²⁶⁾. Stell dir

v_____²⁷⁾, wie schwer e____²⁸⁾ für uns i_____²⁹⁾, außer Englisch no_____³⁰⁾

eine Fremdsprache z____³¹⁾ lernen.

Maximilian: Ich vers_____³²⁾, wie schwer Engl_____³³⁾ für euch i_____³⁴⁾. Warum

lernst d____³⁵⁾ dann noch Deu_____³⁶⁾?

Mai: Weil ich mi____³⁷⁾ für deutsche Kul_____³⁸⁾ interessiere. Aber, im_____³⁹⁾

mehr Japaner ler_____⁴⁰⁾ Chinesisch oder Korea_____⁴¹⁾. Die

Sprachen d_____⁴²⁾ Nachbarländer sind wic_____⁴³⁾. Wenn man

ih_____⁴⁴⁾ Kulturen verstehen wi_____⁴⁵⁾, muss man ih_____⁴⁶⁾ Sprachen

lernen.

ことわざ

Gleich und gleich gesellt sich gern. 類は友を呼ぶ。

2-36

gleich（形）同じ。ここでは名詞的に「同じもの」の意味で使われています。
sich⁴ gesellen 仲間になる

2-37

1　キーセンテンス

① Könntest du mir bitte helfen?　手伝ってくれないかなあ。
② Was würdest du machen, wenn du mehr Geld hättest?
　　　　　　もしもっとお金を持っていれば、君は何をする？
③ Ich hätte gern eine Pizza, bitte.
　　　　　　ピザを一つお願いします。（注文）
④ Es wäre schön, wenn ich besser singen könnte.
　　　　　　もっとうまく歌えるといいのに。
⑤ Er tut so, als ob er alles allein gemacht hätte.
　　　　　　彼は全て自分一人でやったかのようにふるまう。

2　Grammatik

接続法2式

英語の仮定法に対応し、現実にはありえないかのように控え目に表現する「外交的用法」と、現実に反することを表現する「非現実用法」があります。
接続法には1式という形もあり、間接話法や要求話法で用いられますが、この教科書では練習しません。

1 接続法2式の人称変化

原形 接続法2式	können könnte	werden würde	müssen müsste	wollen wollte
ich	könnte	würde	müsste	wollte
du	könntest	würdest	müsstest	wolltest
er / sie / es	könnte	würde	müsste	wollte
wir	könnten	würden	müssten	wollten
ihr	könntet	würdet	müsstet	wolltet
sie / Sie	könnten	würden	müssten	wollten

原形 接続法2式	sollen sollte	dürfen dürfte	sein wäre	haben hätte
ich	sollte	dürfte	wäre	hätte
du	solltest	dürftest	wärest	hättest
er / sie / es	sollte	dürfte	wäre	hätte
wir	sollten	dürften	wären	hätten
ihr	solltet	dürftet	wäret	hättet
sie / Sie	sollten	dürften	wären	hätten

外交的用法

Könnten Sie mir bitte helfen?　手伝っていただけないでしょうか。

(1)から(4)に近づくにつれて丁寧になっていきます。bitteは英語のpleaseに相当します。

(1) Hilf mir bitte!
(2) Hilfst du mir bitte?
(3) Kannst du mir bitte helfen?
(4) Könntest du mir bitte helfen?

◆ Ich hätte gern ＋４格.　〜をいただきます。（レストランやカフェ等で注文）
　　Ich hätte gern zwei Bratwürste zum Mitnehmen, bitte.
　　　　焼きソーセージを2つテイクアウトでお願いします。
　　　　（zum Mitnehmenは「持ち帰りで」、「テイクアウトで」）

置き換え練習　2-38

音声を聞きながら、下線部を置き換えましょう。
① Könntest du mir helfen?
　　die Tür zumachen / das Fenster aufmachen / mir 10 Euro leihen /
　　mich morgen anrufen
② Ich hätte gern ein Bier, bitte.
　　einen Tee / einen Kaffee / eine Pizza / eine Bratwurst / drei Brötchen

非現実話法

☐ 「もし〜なら」

wenn 接続法2式

Was **würdest** du machen, wenn du mehr Geld **hättest**?
　　もしもっとお金があれば、何をする？

Wenn ich mehr Geld **hätte**, **würde** ich eine Weltreise machen.
　　もしもっとお金があれば、世界旅行をすると思います。

置き換え練習　2-39

音声を聞きながら、文を作りましょう。
例 mehr Geld haben → Was würdest du machen, wenn du mehr Geld hättest?
① ein Auto haben
② mehr Zeit haben
③ Französisch sprechen können
④ ein iPad haben

2 「まるで〜であるかのように」（英 *as if*）

…, als ob + 接続法2式
als obは接続法2式の節を導いて、「まるで〜であるかのように」の意味になります。

Er redet, <u>als ob</u> er alles allein gemacht **hätte**.

彼はまるで全て一人でやったかのように話します。

3 「〜だったらいいのに」

Es wäre schön, wenn + 接続法2式
<u>Es wäre schön, wenn</u> ich im Sommer nach Deutschland fliegen **könnte**.

夏にドイツへ行けたらいいのに。

2-40

置き換え練習

音声を聞きながら、下線部を置き換えましょう。
Sie tut so, als ob sie <u>viel Geld hätte</u>. （接続法2式「まるで〜かのように」）
ein teures Auto hätte / viele Bücher gelesen hätte / Japanisch sprechen könnte /
jung wäre.

2-41

3 スケッチ

1.

Thomas: Ich habe einen billigen Flug nach Tokyo gebucht. Wenn ich mehr Geld hätte, würde ich mit der ANA fliegen. Dann könnte ich an Bord japanisch essen.

Maximilian: Es ist wichtiger, billig zu fliegen. Japanische Küche kannst du in Japan immer essen. Wie lange bleibst du dort?

Thomas: Ich werde in Kyoto einen Monat bleiben. Wenn ich ein Stipendium bekommen kann, bleibe ich gerne länger dort.

Maximilian: Hast du dich schon beworben?

Thomas: Ja, ich glaube, das Ergebnis wird bald bekannt gegeben. Daher habe ich nur den Hinflug gebucht.

Maximilian: Mein Gott! Du tust so, als ob du das Stipendium bekommen würdest.

2.

Maximilian: Du hast ja Recht. Aber, man könnte mit Chinesen und Koreanern auch auf Englisch sprechen.

Mai: Englisch ist zwar eine internationale Sprache. Aber, es wäre furchtbar, wenn alle Menschen auf der Welt nur Englisch lernen würden. Kultur und Sprache gehören eng zusammen.

Maximilian: Das stimmt. Ich würde Deutsch nicht aufgeben, auch wenn ich sehr gut Englisch sprechen könnte. Für mich ist Deutsch sehr wichtig. Ich würde mich auch darüber freuen, wenn mehr Leute auf der Welt Deutsch lernen würden.

Mai: Ich glaube, wir verstehen uns sehr gut.

4 練 習 問 題

1 文法練習A

接続法2式を使って丁寧な表現に書き換えましょう。

(1) Haben Sie Zeit für mich?

(   )

(2) Können Sie mir bitte sagen, wie ich zum Bahnhof komme?

(   )

(3) Darf ich dein Auto benutzen?

(   )

(4) Ich kann Ihnen ein gutes Restaurant empfehlen.

(   )

(5) Ich will Sie fragen, ob Sie meinen Aufsatz korrigieren können.

(   )

2 文法練習B

例にならって言い換えましょう。

例 Er kauft ein Haus. → Es wäre schön, wenn er ein Haus kaufen könnte.

(1) Sie kocht gut.

(2) Er spricht Italienisch.

(3) Sie ist gesund.

(4) Er singt gut.

(5) Er hat die Prüfung bestanden.

3 聞き取り練習 ···

音声を聞いて、次の問いの解答を書きましょう。

(1) Was ist für Thomas beim Fliegen am wichtigsten?

----

(2) Was muss Maki machen, um mit der Lufthansa zu fliegen?

----

4 発話練習 ···

周りの人と練習しましょう。出題者はお店で購入したいものを下から選んで言って、回答者は „Ich hätte gern ( ), bitte.“ とカッコの中にそれを入れて言いましょう。

例 Eine Tasse Tee. – Ich hätte gern (eine Tasse Tee), bitte.

eine Tasse Kaffee / 300 Gramm Hühnerfleisch / ein Bier / zwei Käsebrötchen / eine Bratwurst など

5 発話練習 ···

周りの人と練習しましょう。接続法 2 式を用いて „Was würdest du tun, wenn du mehr Zeit hättest?“（もっと時間があれば何をする？）と尋ねて、回答者は下にある表現を参考にしながら表現してみましょう。

例 Was würdest du tun, wenn du mehr Zeit hättest? – Ich würde ein Buch über Deutsch schreiben.

mehr Bücher lesen / eine Weltreise machen / mehr schlafen / ein großes Haus kaufen / mehr Deutsch lernen
など

6 発話練習 ···

周りの人と練習しましょう。出題者は疑問文を言って、相手は接続法 2 式を用いて „Es wäre schön, wenn …“（… だったらいいのだけど。）の形に変えて答えます。

例 Wird das Wetter heute gut? – Es wäre schön, wenn das Wetter heute gut wäre.

(1) Hast du einen Laptop?
(2) Kannst du Englisch sprechen?
(3) Können wir heute früher nach Hause gehen?
(4) Können wir uns bald wiedersehen?
(5) Können wir eine Reise nach Europa machen?
(6) Kannst du dieses Jahr eine Gehaltserhöhung bekommen?

ヒント e Gehaltserhöhung 賃上げ

7 スケッチの復習

スケッチを見ないで空欄を補充しながら音読しましょう。

1.

Thomas: Ich ha____¹⁾ einen billigen Fl_____²⁾ nach Tokyo geb_____³⁾. Wenn ich me_____⁴⁾ Geld hätte, wü_____⁵⁾ ich mit d____⁶⁾ ANA fliegen. Da_____⁷⁾ könnte ich a____⁸⁾ Bord japanisch es_____⁹⁾.

Maximilian: Es i_____¹⁰⁾ wichtiger, billig z____¹¹⁾ fliegen. Japanische Küche kan_____¹²⁾ du in Ja_____¹³⁾ immer essen. W_____¹⁴⁾ lange bleibst d____¹⁵⁾ dort?

Thomas: I_____¹⁶⁾ werde in Ky_____¹⁷⁾ einen Monat ble_____¹⁸⁾. Wenn ich e_____¹⁹⁾ Stipendium bekommen ka_____²⁰⁾, bleibe ich ge_____²¹⁾ länger dort.

Maximilian: Hast du di_____²²⁾ schon beworben?

Thomas: Ja, ich gla_____²³⁾, das Ergebnis wi_____²⁴⁾ bald bekannt geg_____²⁵⁾. Daher habe i_____²⁶⁾ nur den Hin_____²⁷⁾ gebucht.

Maximilian: Me_____²⁸⁾ Gott! Du tu_____²⁹⁾ so, als ob d____³⁰⁾ das Stipendium beko_____³¹⁾ würdest.

2.

Maximilian: Du ha_____³²⁾ ja Recht. Ab_____³³⁾, man könnte m_____³⁴⁾ Chinesen und Kore_____³⁵⁾ auch auf En_____³⁶⁾ sprechen.

Mai: Englisch i_____³⁷⁾ zwar eine int_____³⁸⁾ Sprache. Aber, es w_____³⁹⁾ furchtbar, wenn a_____⁴⁰⁾ Menschen auf d_____⁴¹⁾ Welt nur Englisch ler_____⁴²⁾ würden. Kultur und Spr_____⁴³⁾ gehören eng zusa_____⁴⁴⁾.

Maximilian: Das stimmt. Ich w_____⁴⁵⁾ Deutsch nicht auf_____⁴⁶⁾, auch wenn ich s_____⁴⁷⁾ gut Englisch sprechen kö_____⁴⁸⁾. Für mich ist Deutsch sehr wi_____⁴⁹⁾. Ich würde m_____⁵⁰⁾ auch darüber fre_____⁵¹⁾, wenn mehr Le_____⁵¹⁾ auf der We_____⁵²⁾ Deutsch lernen würden.

Mai: Ich gla_____⁵³⁾, wir verstehen u_____⁵⁴⁾ sehr gut.

ことわざ

🎧 2-43

Jeder ist seines Glückes Schmied. 　幸福は自分で作るもの。

jeder 誰もが、seines Glückes 彼の幸福の、r Schmied 鍛冶屋

seines Glückes は2格で、Schmied を前から修飾しています。このように、前から名詞を修飾する形をザクセン2格といいます。

直訳は「誰もが自分の幸福の鍛冶屋だ」

Lektion 1

(a) 次の日本語をドイツ語に訳して口頭で言いましょう。1分以内でなめらかに言えるまで練習しましょう。

1. こんにちは、私はゾフィー・マイヤーと申します。あなたのお名前は何ですか。
   — 私はヨハネス・コッホと申します。
2. おはようございます、マイヤーさん（女性）。
   — おはようございます、コッホさん（男性）。
3. お元気ですか、マイヤーさん（女性）。
   — ありがとうございます、とても元気です。あなたは？
   ありがとうございます、まあまあです。
4. こんにちは！私はゾフィーといいます。あなたのお名前は？
   — ぼくはヨハネスだよ。
5. おはよう、ゾフィー！
   — おはよう、ヨハネス！
6. 元気、ゾフィー？
   — ありがとう、とても元気よ。あなたは？
   ありがとう、まあまあだよ。

(b) 1分以内で言えるようになったら、ノートに書いてみましょう。

Lektion 2

(a) 次の日本語をドイツ語に訳して口頭で言いましょう。30秒以内でなめらかに言えるまで練習しましょう。

1. 君はフランス語を勉強してるの？
   — いいえ、私はドイツ語を勉強してるよ。君は何を勉強してるの？
   私は日本語を勉強しているよ。
2. ご出身はどちらですか？
   — 私は日本出身です。
3. 君はどこに住んでるの？デュッセルドルフに住んでるの？
   — ええ、私はデュッセルドルフに住んでるのよ。
4. 君はサッカーするの好き？
   — いや、ぼくはテニスをするのが好きだよ。

(b) 30秒以内で言えるようになったら、ノートに書いてみましょう。

(a) 次の日本語をドイツ語に訳して口頭で言いましょう。30秒以内でなめらかに言えるまで練習しましょう。

1. （君は）ドイツ語を話すの？
   ― うん、私はドイツ語を少し話すよ。
2. （君は）ゾフィアを知ってる？
   ― うん、彼女はとても上手に英語を話すよ。
   彼女は日本語も話すよ。
3. 君は明日どこに行くの？ ウィーン？
   ― いや、明日私はウィーンには行かないよ。
4. 君は今日時間ある？
   ― ないよ、でも明日なら時間あるよ。
5. 君は今どこにいるの？ベルリン？
   ― 私は今ベルリンじゃないよ。

(b) 30秒以内で言えるようになったら、ノートに書いてみましょう。

(a) 次の日本語をドイツ語に訳して口頭で言いましょう。20秒以内でなめらかに言えるまで練習しましょう。

1. それは図書館ですか？
   ― いいえ、それは図書館ではありません。それは市役所です。
2. 駅を探しているのですが。駅はあそこを左ですか？
   ― いいえ、（それは）あそこを右です。
3. お肉は好きじゃないの？
   ― いや、肉は好きだよ。でも魚は好きじゃないよ。
4. お腹すいてる？
   ― ううん、お腹すいてないよ。

(b) 20秒以内で言えるようになったら、ノートに書いてみましょう。

(a) 次の日本語をドイツ語に訳して口頭で言いましょう。1分以内でなめらかに言えるまで練習しましょう。

1. 君には兄弟がいるの？
   ― うん、ぼくには弟が一人と姉が二人いるよ。
     ぼくの弟は中学生（生徒）だよ。ぼくの姉（複数）は大学生だよ。
2. クラウディアには子供がいるの？
   ― うん、彼女には息子が一人と娘が3人いるよ。
3.
ヨハネス： クララ、君の携帯番号教えてくれる？
 クララ： それ（私の携帯番号）は 040 1768 3925 よ。
ヨハネス： ありがとう、クララ。

(b) 1分以内で言えるようになったら、ノートに書いてみましょう。

余力がある人は、次の日本語をドイツ語に訳してみましょう。

マクシミリアン： 君たちは今どこ？
    ヨハネス： ぼくたちは今図書館の前だよ。
マクシミリアン： 食事に行かないか？
    ヨハネス： いいよ。
マクシミリアン： 君は何が食べたい？
    ヨハネス： ぼくは日本食が食べたいな。
       レストランには歩いて行けるよ。
マクシミリアン： わかった、それじゃあ、すぐ君たちの
       ところに行くよ。5分で着くよ。
    ヨハネス： 了解！ぼくたちはここで君を待ってるよ。

Lekton 7

余力がある人は、次の日本語をドイツ語に訳してみましょう。

1.

クララ： すみません、フライブルクにはどうやって行けますか。

駅員： 10時47分のICに乗ってください。でも、フランクフルトで乗り換えなければなりません。そうすると、（あなたは）13時50分にフライブルクに到着できます。

クララ： ありがとうございます。さようなら。

駅員： さようなら。良い旅を。

2.

マクシミリアン： 何時？

クララ： 10時20分よ。

マクシミリアン： フライブルク行きの列車はいつ来るの？

クララ： （それは）5分で来るよ。

マクシミリアン： （それは）何時に出発するの？

クララ： （それは）10時47分に出発するよ。そしたら私たちは14時ごろフライブルクに到着するわよ。

Lekton 8

余力がある人は、次の日本語をドイツ語に訳してみましょう。

1. ヨハネス： もうあの本読んだ？

クララ： どの本のこと？

ヨハネス： 君は先週（一冊の）本を買っただろ。それを早く読みたいと君はぼくに話したよ。

クララ： ああ、あの本ならすごく難しいので、まだ読んでないよ。

2. ヨハネス： クララが明日パーティーに来るか知ってる？

マクシミリアン： 彼女は明日トーマスと一緒に食事に行くと思うよ。

ヨハネス： 一体どういうことだ。彼女はぼくにはそのことを話してなかったよ。

マクシミリアン： まあそうだろうけど、トーマスは彼女のためにテーブルを予約したんだよ。彼は彼女に告白するつもりだ。

ヨハネス： そんなことありえないよ。クララがトーマスと出かけるなんで、ぼくには全く理解できないよ。

Lektion 9

余力がある人は、次の日本語をドイツ語に訳してみましょう。

1.

クララ：　私は先週トーマスとお話ししたの。彼は日本に興味を持ってるわ。彼は日本食が大好き。彼は日本で日本語を勉強したいから、日本への旅行の準備をしてるわよ。

マクシミリアン：　君も日本に興味があるの？君は学校で柔道を習ってたって以前言ってたよね。

クララ：　ええ、でもそのことはほとんど覚えてないわ。それに、そのころは日本のことなんて考えてなかったわ。

2.

まい：　ドイツ語は英語よりも難しいの？

マクシミリアン：　君はドイツ語と英語を学んでいるから、君の方がよく知ってると思うよ。だけど、ドイツ語の文法の方が複雑だと言う人がいる。ぼくにとっては、ドイツ語は母語なので、もちろん英語よりもドイツ語の方が簡単だよ。

まい：　私もドイツ語の文法の方が難しいと思うよ。でも私にとっては、英語の発音が一番難しいわ。

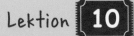

Lektion 10

余力がある人は、次の日本語をドイツ語に訳してみましょう。

1.

クララ：　外国語をマスターするのは簡単ではないよ。でも、私は日本語を勉強することに決めたの。

マクシミリアン：　どうして？本当に毎日日本語のことを考える気があるの？日本語をマスターするには、毎日熱心に勉強しなければならないよ。それはぼくにはほとんど想像できないね。

クララ：　何事も初めは難しいのよ。

2.

まい：　英語が日本では最も学ばれているわ。ドイツの状況はどう？どの外国語がドイツで最も学ばれているの？

マクシミリアン：　ドイツでも英語が最も学ばれているよ。英語の他に、ドイツではフランス語やスペイン語がよく学ばれているよ。英語はドイツ語と系統が近いので、ぼくたちにとって英語はそれほど難しくないんだ。

まい：　なぜたくさんのドイツ人が上手に英語を話せるのか今わかった。

Lektion 11

余力がある人は、次の日本語をドイツ語に訳してみましょう。

1.

マクシミリアン：	やあ、トーマス。君が日本に行くって聞いたよ。
トーマス：	うん、8月に大阪で夏期講習に参加するんだ。あるドイツ人男性とフェイスブックで知り合ってね。彼は今大阪でドイツ語教師として働いているんだよ。彼が大阪のいい語学学校をぼくに勧めてくれた。まだ飛行機の予約をしなきゃ。
マクシミリアン：	夏期講習の後はどうするの。
トーマス：	以前、京都に行ったことがあってね。その街がとっても気に入ったんだよ。ぼくはそこの大学で学びたいな。

2.

まい：	日本では、私たちは学校で英語を学ばなければならないのよ。英語以外にさらに外国語を勉強することが、私たちにとってどれほど大変なことか想像してみてよ。
マクシミリアン：	英語が君たちにとってどれほど難しいかわかるよ。それなら君はどうしてドイツ語まで勉強するの？
まい：	私はドイツの文化に興味があるからよ。でも、中国語や韓国語を勉強する日本人がますます増えてるよ。隣国の言語は大切よ。その（隣国の）文化を理解したいなら、その（隣国の）言語を学ばなければならないわ。

Lektion 12

余力がある人は、次の日本語をドイツ語に訳してみましょう。

1.

トーマス：	ぼくは安い東京行きの飛行機を予約したよ。もっとお金があれば、全日空で行きたかったんだけど。そうしたら、機内で日本食が食べられたのに。
マクシミリアン：	安く行く（飛ぶ）ことの方が大事だよ。日本食は日本でいつでも食べられる。どれくらい日本に（そこに）いるの？
トーマス：	ぼくは京都に1か月いるつもりだよ。奨学金を貰えれば、そこに続けてとどまるよ。
マクシミリアン：	もう申し込んだの？
トーマス：	うん、結果はもうすぐ発表されると思うよ。だからぼくは片道航空券だけ予約したんだ。
マクシミリアン：	何てことだ。まるで奨学金を貰えるみたいな口ぶりだね。

2.

マクシミリアン：	君は確かに正しいよ。でも、中国人や韓国人とは英語でも話ができるんじゃないかな。
まい：	英語は確かに国際語よ。でも、世界でみんなが英語だけを学ぶようなことになったら、ぞっとするわ。文化と言語は表裏一体なのよ。
マクシミリアン：	その通りだね。例えぼくが英語をとてもうまく話せたとしても、ぼくはドイツ語を捨てないだろう。ぼくにとってドイツ語はとても大切だ。もし世界でもっと多くの人がドイツ語を学ぶと、ぼくもうれしいよ。
まい：	私たちすごく気が合うみたいね。

主要不規則動詞変化表

不定詞		直説法現在	過去基本形	接続法第Ⅱ式	過去分詞
backen （パンなどを）焼く	*du* *er*	bäckst (backst) bäckt (backt)	**backte** **(buk)**	backte (büke)	**gebacken**
befehlen 命令する	*du* *er*	befiehlst befiehlt	**befahl**	befähle/ beföhle	**befohlen**
beginnen 始める、始まる			**begann**	begänne/ begönne	**begonnen**
bieten 提供する			**bot**	böte	**geboten**
binden 結ぶ			**band**	bände	**gebunden**
bitten 頼む			**bat**	bäte	**gebeten**
bleiben とどまる			**blieb**	bliebe	**geblieben**
braten （肉などを）焼く	*du* *er*	brätst brät	**briet**	briete	**gebraten**
brechen 破る、折る	*du* *er*	brichst bricht	**brach**	bräche	**gebrochen**
brennen 燃える			**brannte**	brennte	**gebrannt**
bringen 運ぶ、持ってくる			**brachte**	brächte	**gebracht**
denken 考える			**dachte**	dächte	**gedacht**
dürfen …してもよい	*ich* *du* *er*	darf darfst darf	**durfte**	dürfte	**gedurft/** **dürfen**
empfehlen 推薦する	*du* *er*	empfiehlst empfiehlt	**empfahl**	empföhle/ empfähle	**empfohlen**
erschrecken 驚く	*du* *er*	erschrickst erschrickt	**erschrak**	erschräke/ erschreckte	**erschrocken**
essen 食べる	*du* *er*	isst isst	**aß**	äße	**gegessen**
fahren （乗物で）行く	*du* *er*	fährst fährt	**fuhr**	führe	**gefahren**
fallen 落ちる	*du* *er*	fällst fällt	**fiel**	fiele	**gefallen**

不定詞		直説法現在	過去基本形	接続法第Ⅱ式	過去分詞
fangen 捕える	*du* *er*	fängst fängt	**fing**	finge	**gefangen**
finden 見つける			**fand**	fände	**gefunden**
fliegen 飛ぶ			**flog**	flöge	**geflogen**
fliehen 逃げる			**floh**	flöhe	**geflohen**
fließen 流れる			**floss**	flösse	**geflossen**
frieren 凍る			**fror**	fröre	**gefroren**
geben 与える	*du* *er*	gibst gibt	**gab**	gäbe	**gegeben**
gehen 行く			**ging**	ginge	**gegangen**
gelingen 成功する			**gelang**	gelänge	**gelungen**
gelten 値する、有効である	*du* *er*	giltst gilt	**galt**	gölte	**gegolten**
genießen 享受する、楽しむ			**genoss**	genösse	**genossen**
geschehen 起こる	*es*	geschieht	**geschah**	geschähe	**geschehen**
gewinnen 獲得する、勝つ			**gewann**	gewönne/ gewänne	**gewonnen**
graben 掘る	*du* *er*	gräbst gräbt	**grub**	grübe	**gegraben**
greifen つかむ			**griff**	griffe	**gegriffen**
haben 持っている	*ich* *du* *er*	habe hast hat	**hatte**	hätte	**gehabt**
halten 持って（つかんで）いる	*du*	hältst	**hielt**	hielte	**gehalten**
hängen 掛っている			**hing**	hinge	**gehangen**
heben 持ち上げる			**hob**	höbe	**gehoben**

不定詞		直説法現在	過去基本形	接続法第Ⅱ式	過去分詞
heißen …と呼ばれる、という名前である			**hieß**	hieße	**geheißen**
helfen 助ける	*du* *er*	hilfst hilft	**half**	hülfe/ hälfe	**geholfen**
kennen 知る			**kannte**	kennte	**gekannt**
kommen 来る			**kam**	käme	**gekommen**
können …できる	*ich* *du* *er*	kann kannst kann	**konnte**	könnte	**gekonnt** **(können)**
laden （荷を）積む	*du* *er*	lädst lädt	**lud**	lüde	**geladen**
lassen …させる	*du* *er*	lässt lässt	**ließ**	ließe	**gelassen** **(lassen)**
laufen 走る	*du* *er*	läufst läuft	**lief**	liefe	**gelaufen**
leiden 悩む、苦しむ			**litt**	litte	**gelitten**
leihen 貸す、借りる			**lieh**	liehe	**geliehen**
lesen 読む	*du* *er*	liest liest	**las**	läse	**gelesen**
liegen 横たわっている			**lag**	läge	**gelegen**
lügen うそをつく			**log**	löge	**gelogen**
messen 測る	*du* *er*	misst misst	**maß**	mäße	**gemessen**
mögen …かもしれない	*ich* *du* *er*	mag magst mag	**mochte**	möchte	**gemocht** **(mögen)**
müssen …ねばならない	*ich* *du* *er*	muss musst muss	**musste**	müsste	**gemusst** **(müssen)**
nehmen 取る	*du* *er*	nimmst nimmt	**nahm**	nähme	**genommen**
nennen …と呼ぶ			**nannte**	nennte	**genannt**

不定詞		直説法現在	過去基本形	接続法第Ⅱ式	過去分詞
raten 助言する	du er	rätst rät	riet	riete	geraten
reißen 引きちぎる	du er	reißt reißt	riss	risse	gerissen
reiten （馬で）行く			ritt	ritte	geritten
rennen 走る			rannte	rennte	gerannt
rufen 叫ぶ、呼ぶ			rief	riefe	gerufen
schaffen 創造する			schuf	schüfe	geschaffen
scheinen 輝く、思われる			schien	schiene	geschienen
schieben 押す			schob	schöbe	geschoben
schießen 撃つ			schoss	schösse	geschossen
schlafen 眠っている	du er	schläfst schläft	schlief	schliefe	geschlafen
schlagen 打つ	du er	schlägst schlägt	schlug	schlüge	geschlagen
schließen 閉じる			schloss	schlösse	geschlossen
schmelzen 溶ける	du er	schmilzt schmilzt	schmolz	schmölze	geschmolzen
schneiden 切る			schnitt	schnitte	geschnitten
schreiben 書く			schrieb	schriebe	geschrieben
schreien 叫ぶ			schrie	schrie	geschrien
schweigen 沈黙する			schwieg	schwiege	geschwiegen
schwimmen 泳ぐ			schwamm	schwömme	geschwommen
schwinden 消える			schwand	schwände	geschwunden

不定詞			直説法現在	過去基本形	接続法第Ⅱ式	過去分詞
sehen 見る	*du* *er*	siehst sieht		**sah**	sähe	**gesehen**
sein …である	*ich* *du* *er* *wir* *ihr* *sie*	bin bist ist sind seid sind		**war**	wäre	**gewesen**
senden 送る（、放送する）				**sandte/ sendete**	sendete	**gesandt/ gesendet**
singen 歌う				**sang**	sänge	**gesungen**
sinken 沈む				**sank**	sänke	**gesunken**
sitzen 座っている	*du* *er*	sitzt sitzt		**saß**	säße	**gesessen**
sollen …すべきである	*ich* *du* *er*	soll sollst soll		**sollte**	sollte	**gesollt (sollen)**
sprechen 話す	*du* *er*	sprichst spricht		**sprach**	spräche	**gesprochen**
springen 跳ぶ				**sprang**	spränge	**gesprungen**
stechen 刺す	*du* *er*	stichst sticht		**stach**	stäche	**gestochen**
stehen 立っている				**stand**	stände/ stünde	**gestanden**
stehlen 盗む	*du* *er*	stiehlst stiehlt		**stahl**	stähle/ stöhle	**gestohlen**
steigen 登る				**stieg**	stiege	**gestiegen**
sterben 死ぬ	*du* *er*	stirbst stirbt		**starb**	stürbe	**gestorben**
stoßen 突く	*du* *er*	stößt stößt		**stieß**	stieße	**gestoßen**
streichen なでる				**strich**	striche	**gestrichen**
streiten 争う				**stritt**	stritte	**gestritten**

不定詞		直説法現在	過去基本形	接続法第Ⅱ式	過去分詞
tragen 運ぶ	*du* *er*	trägst trägt	**trug**	trüge	**getragen**
treffen 当たる、会う	*du* *er*	triffst trifft	**traf**	träfe	**getroffen**
treiben 追う			**trieb**	triebe	**getrieben**
treten 歩む、踏む	*du* *er*	trittst tritt	**trat**	träte	**getreten**
trinken 飲む			**trank**	tränke	**getrunken**
tun する	*ich* *du* *er*	tue tust tut	**tat**	täte	**getan**
vergessen 忘れる	*du* *er*	vergisst vergisst	**vergaß**	vergäße	**vergessen**
verlieren 失う			**verlor**	verlöre	**verloren**
wachsen 成長する	*du* *er*	wächst wächst	**wuchs**	wüchse	**gewachsen**
waschen 洗う	*du* *er*	wäschst wäscht	**wusch**	wüsche	**gewaschen**
wenden 向ける（、裏返す）			**wandte/ wendete**	wendete	**gewandt/ gewendet**
werben 得ようと努める	*du* *er*	wirbst wirbt	**warb**	würbe	**geworben**
werden …になる	*du* *er*	wirst wird	**wurde**	würde	**geworden (worden)**
werfen 投げる	*du* *er*	wirfst wirft	**warf**	würfe	**geworfen**
wissen 知る	*ich* *du* *er*	weiß weißt weiß	**wusste**	wüsste	**gewusst**
wollen …しようと思う	*ich* *du* *er*	will willst will	**wollte**	wollte	**gewollt (wollen)**
ziehen 引く、移動する			**zog**	zöge	**gezogen**
zwingen 強要する			**zwang**	zwänge	**gezwungen**

●表紙／駿高泰子
●イラスト／くぼゆきお

ドイツ語エコー 1
〈初級編〉

検印省略	©2017 年 1 月 30 日　ドイツ語エコー　　　初版発行
	2019 年 9 月 30 日　ドイツ語エコー　　　3 刷発行
	©2024 年 1 月 30 日　ドイツ語エコー 1　　初版発行

著　者　　　　　　　　高　橋　秀　彰

発行者　　　　　　　　小　川　洋一郎
発行所　　　　　　　株式会社 朝 日 出 版 社
〒101-0065 東京都千代田区西神田 3-3-5
TEL (03) 3239-0271・72（直通）
振替口座　東京 00140-2-46008
https://www.asahipress.com
メディアアート / 図書印刷

ISBN978-4-255-25477-7 C1084